河北省智库研究项目：河北省建筑∖
调研（项目号：HB21ZK07）

U0620501

The Development Report on the "Carbon Neutrality"
Ecosystem in the Construction Industry of Hebei Province

河北省建筑行业
"碳中和"生态圈发展报告

河北工业大学生态经济与数字化发展研究中心
刘 璞 霍腾飞 马 苓 张义明 陈义忠 著
黄春萍 李 威 李艳妮 郑敏娜

经济管理出版社
ECONOMY & MANAGEMENT PUBLISHING HOUSE

图书在版编目（CIP）数据

河北省建筑行业"碳中和"生态圈发展报告/河北工业大学生态经济与数字化发展研究中心著．—北京：经济管理出版社，2023.9
ISBN 978-7-5096-9340-7

Ⅰ．①河…　Ⅱ．①河…　Ⅲ．①建筑业—低碳经济—发展—研究报告—河北　Ⅳ．①F426.9

中国国家版本馆 CIP 数据核字（2023）第 189235 号

组稿编辑：杨国强
责任编辑：杨国强
责任印制：黄章平
责任校对：王淑卿

出版发行：经济管理出版社
　　　　　（北京市海淀区北蜂窝 8 号中雅大厦 A 座 11 层　100038）
网　　址：www. E-mp. com. cn
电　　话：（010）51915602
印　　刷：北京晨旭印刷厂
经　　销：新华书店
开　　本：720mm×1000mm/16
印　　张：13. 25
字　　数：208 千字
版　　次：2023 年 10 月第 1 版　　2023 年 10 月第 1 次印刷
书　　号：ISBN 978-7-5096-9340-7
定　　价：98. 00 元

目　录

第一章　导论 …………………………………………………………… 1

第一节　研究背景及意义 ………………………………………… 1

一、研究背景 ………………………………………………… 1

二、研究意义 ………………………………………………… 4

第二节　研究目标及方法 ………………………………………… 7

一、研究目标 ………………………………………………… 7

二、研究方法 ………………………………………………… 7

第三节　建筑行业图谱 …………………………………………… 8

一、建筑行业的一般分类 …………………………………… 8

二、建筑行业的产业生态圈 ……………………………… 10

第四节　相关术语 ……………………………………………… 13

一、"双碳" ………………………………………………… 13

二、碳减排 ………………………………………………… 14

三、建筑节能 ……………………………………………… 14

四、绿色建筑 ……………………………………………… 14

五、低碳建筑发展 ………………………………………… 15

六、绿色城市建设 ………………………………………… 15

七、绿色建造 ……………………………………………………… 15

八、既有建筑节能绿色改造 ……………………………………… 15

九、建筑全生命周期 ……………………………………………… 16

十、低碳技术 ……………………………………………………… 16

第二章 国外建筑行业生态圈"双碳"政策及技术应用情况 …… 17

第一节 国外建筑行业政策内容情况 …………………………… 17

一、建筑节能规划设计 …………………………………………… 17

二、建筑节能改造与运营 ………………………………………… 25

三、绿色建造技术应用 …………………………………………… 29

四、建筑节能的评价监督与激励 ………………………………… 32

第二节 技术应用 ………………………………………………… 34

一、关键技术 ……………………………………………………… 34

二、关键技术应用的典型案例 …………………………………… 38

第三节 本章小结 ………………………………………………… 44

第三章 国内建筑行业生态圈"双碳"政策及技术应用情况 …… 46

第一节 政策及应用情况 ………………………………………… 47

一、国家层面建筑行业政策内容情况 …………………………… 47

二、国内（除河北省）建筑行业政策情况 ……………………… 49

第二节 技术应用 ………………………………………………… 54

一、典型案例 ……………………………………………………… 54

二、关键技术及应用 ……………………………………………… 60

第三节 本章小结 ………………………………………………… 66

第四章 河北省建筑行业生态圈碳排放情况 …………………… 67

第一节 河北省建筑行业生态圈碳排放测算方法体系 ………… 67

一、建材生产及运输碳排放测算方法 ……………… 67

二、建筑施工碳排放测算方法 ……………………… 68

三、建筑运行阶段碳排放测算方法 ………………… 69

四、建筑拆除阶段碳排放测算方法 ………………… 69

第二节 河北省建筑行业生态圈碳排放现状及未来趋势分析 …… 69

一、河北省建材生产及运输阶段碳排放 …………… 69

二、河北省建筑建造及拆除阶段碳排放 …………… 70

三、河北省建筑运行阶段碳排放 …………………… 71

四、河北省建筑行业生态圈建筑全生命周期碳排放 …… 72

五、河北省建筑行业生态圈碳排放的未来变化趋势 …… 75

第五章 河北省建筑行业生态圈"双碳"政策及技术应用情况 …… 76

第一节 政策及效果 …………………………………… 76

一、建筑行业的规划与设计 ………………………… 76

二、建筑行业的运营与改造 ………………………… 79

三、建筑行业的技术发展 …………………………… 80

四、建筑行业的激励与监管措施 …………………… 88

五、建筑行业取得的成果 …………………………… 90

六、国内及河北省建筑行业政策对比 ……………… 92

第二节 河北省建筑行业"双碳"技术应用情况及对比 …… 94

一、河北省建筑行业"双碳"技术应用情况 ……… 94

二、国内其他省市和河北省建筑行业"双碳"技术应用
情况的对比 ……………………………………… 99

第三节 河北省建筑行业生态圈的亮点成果 …………… 100

一、再生材料使用技术突破性发展 ………………… 101

二、3R建材使用范围持续扩大 …………………… 101

三、装配式建筑产业发展向好 ……………………… 101

四、被动式超低能耗建筑高质量发展 ……………………… 103

五、建筑节能水平实现新提升 ……………………………… 104

六、节能门窗逐步推广使用 ………………………………… 105

七、保温材料趋向新发展 …………………………………… 106

八、太阳能建筑大规模使用 ………………………………… 107

第四节 河北省建筑行业生态圈痛点 …………………………… 110

一、建筑项目执行能力有待提升 …………………………… 110

二、装配式建筑优势发挥不充分 …………………………… 111

三、超低能耗建筑产业发展不完善 ………………………… 111

四、保温材料性能与节能冲突 ……………………………… 113

五、绿色建材推广受阻 ……………………………………… 114

第五节 本章小结 ………………………………………………… 115

第六章 河北省建筑行业绿色低碳转型的战略布局 ……………… 118

第一节 河北省建筑行业绿色低碳转型过程中的制约因素和不足 ……… 119

一、空间维度:城乡绿色低碳转型进展不均衡 …………… 119

二、时间维度:产业链绿色低碳转型协同度低 …………… 119

三、建筑物维度:建筑主体执行绿色低碳战略的深度欠佳 ……… 119

四、标准维度:节能绿色低碳标准体系和认证制度有待完善 ……… 120

第二节 建筑行业绿色低碳转型战略布局的构成 ……………… 120

一、构建建筑行业绿色低碳评价体系 ……………………… 120

二、形成建筑行业低碳发展模式 …………………………… 122

三、加速建筑行业绿色智慧转型 …………………………… 125

第三节 实现建筑行业绿色低碳转型战略实施的政策建议 ……… 127

一、健全并推广行业标准与认证体系 ……………………… 127

二、拓宽绿色建筑融资渠道与服务 ………………………… 134

三、加快绿色低碳技术研发与应用 ………………………… 136

第四节　建筑行业绿色低碳转型战略实施的保障措施 ·············· 138

　　一、优化产业生态圈治理体系与机制 ····················· 138

　　二、完善农村低碳转型的监督和激励机制 ··············· 141

　　三、增强节能低碳意识和执行力 ························· 143

第七章　河北省建筑行业绿色低碳转型的技术路径 ·········· 145

第一节　总体思路 ··· 145

第二节　河北省建筑行业绿色低碳技术转型战略技术路径 ······· 146

　　一、工作机制建设 ····································· 146

　　二、全过程低碳建造体系 ····························· 150

　　三、数字化智能协作体系建设 ························· 157

　　四、保障支撑体系建设 ······························· 164

第三节　河北省建筑行业绿色低碳技术转型战略实施的技术路线 ········ 166

第八章　总结及展望 ··· 170

附　录 ·· 172

附录1　问卷情况汇总 ······································· 172

附录2　河北省建筑行业生态圈绿色低碳技术应用调查提纲 ········· 178

附录3　河北省建筑行业生态圈绿色低碳技术应用调查提纲 ········· 180

附录4　提交的咨询报告 ····································· 182

第一章 导论

第一节 研究背景及意义

一、研究背景

(一) 全球及我国的"双碳"战略与政策

随着各国二氧化碳的不断排放，全球温室气体正在迅速增加，气候变化已经成为当前全人类共同面临的全球性问题。碳峰值是指一个地区或行业的年二氧化碳排放量在平台期内达到历史峰值后进入持续下降的过程。这是二氧化碳排放从增加到减少的历史转折点，标志着二氧化碳排放与经济发展的脱钩，即经济增长不再以增加碳排放为代价。因此，碳达峰被认为是一个经济体绿色低碳转型过程中的标志性事件。在全球范围内，英、法、德以及欧盟等主要发达经济体早在20世纪70年代均已实现碳达峰，美、日也在2007年和2013年实现了碳达峰。

随着全球气候变暖程度的加剧，世界各国以全球协约的方式减排温室气体。联合国大会于1992年5月9日通过《联合国气候变化框架公约》，终极目标是将大气中的温室气体浓度保持在一个人类活动不会对气候系统产生危险干扰的稳定水平。2005年2月16日,《联合国气候变化框架公约京都议定书》开始生效,这是人类历史上首次以法规的形式限制温室气体排放。根据该协议,发达国家和发展中国家分别从2005年和2012年起开始承担减少碳排放量的义务。2015年12月12日,联合国第21届气候变化会议通过了《巴黎协定》。根据该协定,签署的国家将在全球范围内共同加强应对气候变化的威胁,争取将全球平均温度相比于前工业化时期的上升幅度控制在2摄氏度以内,并力争控制在1.5摄氏度以内。

2020年9月22日,习近平总书记在第七十五届联合国大会一般性辩论上向全世界郑重宣布中国将采取更为有力的政策与措施,力争在2030年之前使二氧化碳排放量达到峰值,并努力在2060年之前实现碳中和。实现碳达峰和碳中和的"双碳"目标,是以习近平同志为核心的党中央统筹国内外大局所做出的重大战略决策,是我国努力解决资源与环境的约束问题、实现中华民族永续发展的必由之路,也是我国对构建人类命运共同体做出的郑重承诺。

"双碳"目标提出两年多以来,我国各项任务扎实推进,实现了良好开局,各方面进展都好于预期。中央层面成立了碳达峰碳中和工作领导小组,建立统筹协调机制。2021年10月,中共中央、国务院先后印发了《中共中央国务院关于完整准确全面贯彻新发展理念做好碳达峰碳中和工作的意见》以及《2030年前碳达峰行动方案》,共同构建了中国碳达峰、碳中和"1+N"政策体系的顶层设计。2022年8月,科技部、国家发展改革委、工业和信息化部等9部门印发《科技支撑碳达峰碳中和实施方案(2022-2030年)》,统筹提出支撑2030年前实现碳达峰目标的科技创新行动和保障举措,并为2060年前实现碳中和目标做好技术研发储备。当前,在习近平生态文明思想的指导下,我国正在稳妥有序推进能源绿色低碳转型,积极发展战略性新兴产业,着力推动重点行业节能降碳改造,积极发展绿色建筑,加大力度推广节能低碳交通工具,巩固提升生态系统碳汇能力,优化完善能耗"双控"制度,启动全国碳市场,积极参与全球气候治理。

(二)建筑行业实现"双碳"的意义及政策调整

建筑业是国民经济的重要支柱产业,也是能源消费和碳排放的三大领域之一，拥有巨大的碳减排潜力。当前，我国的建筑业还是以传统的生产方式为主，工业化程度相对较低、建造技术尚有提升空间。同时，受人口等因素影响，我国的建筑存量大，是世界上现有建筑量和每年新增建筑量最大的国家，不少建筑都存在高耗能、高排放的现状。我国整个建筑行业依然体现大量消耗、大量排放的典型特点。建筑行业实现碳达峰、碳中和，是我国实现"双碳"目标的重要一环。

2022年12月28日，中国建筑节能协会建筑能耗与碳排放数据专业委员会正式发布《2022中国城乡建设领域碳排放系列研究报告》。报告披露，2020年全国建筑全过程（含建材生产、建筑施工和建筑运行）能耗总量为22.7亿吨标准煤（tce），占全国能源消费总量比重为45.5%；二氧化碳排放总量为50.8亿吨，占全国碳排放的比重为50.9%。其中，建材生产阶段的能耗和碳排放占比均最高，分别占全国能耗总量和碳排放总量的22.3%和28.2%，分别是11.1亿tce和28.2亿吨；建筑运行阶段的能耗和碳排放量次之，占全国的比重分别是21.3%和21.7%，分别是10.6亿tce和21.6亿吨。由此可见，建筑业对能源的依赖和消耗非常大，减少建设行业和建筑本身的能源消耗量及碳排放量，在建筑业的各个阶段实施节能、减碳，进一步细化碳减排行动，已迫在眉睫。

随着国家双碳政策号角吹响，建筑业因其消耗资源大、运营时间长、承载作用不可替代、能源及二氧化碳排放量高等因素，必然成为我国"双碳"工作的重点。2021年10月21日，中共中央办公厅、国务院办公厅印发《关于推动城乡建设绿色发展的意见》，明确要求建立城乡建设绿色发展体制机制和政策体系，建设方式绿色转型成效显著，扎实推进碳减排工作。2022年，住房和城乡建设部印发《"十四五"建筑业发展规划》《"十四五"住房和城乡建设科技发展规划》，明确了"落实碳达峰、碳中和目标任务"等基本原则，提出了"绿色低碳生产方式初步形成"等目标，以及"推广绿色建造方式"等任务，并在《"十四五"建筑节能与绿色建筑发展规划》中进一步明确，加快绿色建筑建设，转变建造方式，积极推广绿色建材，推动建筑运行管理高效低碳，实现建筑全生命期的绿色低碳发展，提高建筑节能标准，实施既有建筑节能改造，优化建筑用能结构，合理控制建筑领域能源消费总量和碳排放总量。

（三）河北省"双碳"工作的战略导向

2021年12月30日，河北省委、省政府印发《关于完整准确全面贯彻新发展理念认真做好碳达峰碳中和工作的实施意见》，围绕到2025年、2030年和2060年三个时间节点，分别提出了各时期主要目标，全面推动河北低碳发展。河北省将"双碳"目标纳入经济社会发展和生态文明建设整体布局，贯彻"全国统筹、节约优先、双轮驱动、内外畅通、防范风险"工作原则，按照河北省第十次党代会和省委经济工作会议部署，科学把握发展与减排、整体与局部、短期与中长期的关系，实施重点行业领域减污降碳和可再生能源替代行动，围绕10个方面对全省碳达峰碳中和工作做出了部署，加快形成节约资源和保护环境的生产方式、产业结构、生活方式、空间格局，坚定不移走绿色低碳、生态优先的高质量发展道路。2022年6月19日，河北省人民政府发布《河北省碳达峰实施方案》，聚焦"十四五"和"十五五"两个碳达峰关键期，提出了提高非化石能源消费比重等方面目标指标，明确了河北省碳达峰工作的十项重点行动，即能源绿色低碳转型行动、节能降碳增效行动、工业领域碳达峰行动、城乡建设碳达峰行动、交通运输绿色低碳行动、循环经济助力降碳行动、绿色低碳科技创新行动、碳汇能力巩固提升行动、绿色低碳全民行动、梯次有序推进区域碳达峰行动。

二、研究意义

（一）河北省推动建筑行业节能减排的行动

建筑行业是河北省的支柱行业，河北省也较早意识到建筑行业的碳排放问题，"双碳"战略之前就在国内较早推动建筑行业的减排工作。2015年以来，河北省先后印发了《关于大力发展装配式建筑的实施意见》《印发关于支持被动式超低能耗建筑产业发展若干政策的通知》《河北省促进绿色建筑发展条例》《河北省绿色建筑创建行动实施方案》《关于推动城乡建设绿色发展的实施意见》《关于加快新型建筑工业化发展的实施意见》《雄安新区绿色建筑高质量发展指导意见》《河北省新型建筑工业化"十四五"规划》《河北省住房和城乡建设

"十四五"规划》等政策文件，大力推进星级绿色建筑、装配式建筑和被动式超低能耗建筑规模化发展。

2023年2月8日，河北省住房和城乡建设厅、河北省发展和改革委员会联合印发《河北省城乡建设领域碳达峰实施方案》（以下简称《方案》），进一步明确要求2030年前，河北省城乡建设绿色低碳发展政策体系和体制机制基本建立，能源资源利用效率达到国际先进水平，可再生能源应用更加充分，城乡建设方式绿色低碳转型取得明显进展，绿色低碳运行基本实现，人居环境质量大幅改善，城乡建设领域碳排放达到峰值。在绿色低碳城市建设方面，《方案》提出了优化城市布局结构，推进绿色低碳居住区和住宅建设，提升基础设施运行效率，提高建筑绿色低碳水平，优化建筑能源结构等任务。到2025年，全省城镇竣工绿色建筑占比达到100%，星级绿色建筑占比达到50%以上；到2030年，83%的新建居住建筑本体达到节能要求，78%的新建公共建筑本体达到节能要求。在绿色低碳县城和乡村方面，要求完善农房建设标准导则，引导《农村居住建筑节能设计标准》《河北省绿色农房建设与节能改造技术指南》等标准图集的推广应用，提高农房能效水平。鼓励就地取材和利用乡土材料，推广使用绿色建材。持续推进装配式农村住房建设试点工作。推动太阳能、空气源热能、浅层地热能、生物质能等可再生能源在冬季取暖、供电、供气等领域的应用。

（二）河北省建筑行业"双碳"工作的挑战

党的十八大以来，河北省建筑行业大力推进产业结构调整，加快转型升级，着力增强核心竞争力和可持续发展能力，建筑行业规模不断扩大，生产能力大幅度提高。截至2021年底，河北省全省拥有建筑业企业3142家，2013~2021年，全省共新增建筑业企业795家，年均增长3.3%。从整体行业上看，2021年全省建筑业法人单位138315家，比2020年增加25119家，增长22.2%。各种类型企业均有所增长，市场发展活力不断增强。2021年，建筑业企业实现营业收入5895.6亿元，比2012年增长34.3%，年均增长3.3%。2021年，全省建筑业企业签订合同额16250.7亿元，是2012年的2.0倍。2013~2021年，签订合同额年均增长7.9%，年均增量达893.0亿元。2021年，建筑业企业实现建筑业总产值 6484.6 亿元，是 2012 年的 1.3 倍，2013~2021 年年均增量达 179.9 亿元。河北省建筑业支柱产业地位持续巩固，"十三五"期间累计完成产值 2.9 万亿元，各年度增加值占全省 GDP 比重始终保持在 5%以上。

河北省建筑行业的发展与我国建筑行业的整体发展特征相似，存在大量建设、大量消耗、大量排放的粗放式发展的特点，而且较大的行业规模也给河北省建筑行业"双碳"工作带来巨大压力。中国建筑节能协会建筑能耗与碳排放数据统计专委会 2019 年 1 月发布《中国建筑能耗研究报告（2018）》，首次公布了 2000~2016 年全国建筑碳排放以及 2016 年各省建筑碳排放数据，显示 2016 年全国建筑碳排放总量为 19.6 亿吨 CO_2，占全国能源碳排放总量的 19.4%。其中，河北省建筑碳排放总量为 9077 万吨 CO_2，排名第 3。而根据中国建筑节能协会建筑能耗与碳排放数据统计专业委员会发布的《2022 中国城乡建设领域碳排放系列研究报告》，河北省 2020 年建筑运行碳排放总量为 1.81 亿吨，高居全国第 2，仅次于山东省的 2.12 亿吨，高于广东省、江苏省、河南省等传统经济大省，5 个省份建筑运行碳排放总量占全国建筑运行碳排放总量的 35%。而且，从 2010 年以来的建筑碳排放历史变化趋势看，河北省呈现明显的上升趋势。显而易见，尽管河北省近年来坚持用新技术、新材料、新工艺、新设备改造提升传统建筑业，但"双碳"工作仍然面临较大的挑战。

（三）河北省建筑行业"碳中和"生态圈发展状况研究的意义

建筑业不只是一个"行业"，更是一大"产业"。尤其是近年来反复提及的建筑业新型建造方式、新型建筑工业化、绿色建筑等目标，更需要整个产业界一起来打造。哈佛大学著名的战略学教授迈克尔·波特在 20 世纪 80 年代就提出，处在特定产业范畴的某些互有关联的公司和组织机构在限定的地域范围内会产生产业集聚的现象，而产业生态圈的发展是在成熟的产业集群基础上完善多维网络体系，形成较强的市场竞争力和产业可持续发展，产业集聚也能反映特定区域的经济发展水平。产业生态圈是在一定的区域范围内由单一产业或者多种产业形成的以此类主导产业为核心的多维度的网络体系，这种网络体系具有很强的竞争力和生命力特征。产业生态圈强调的是一种产业共生体的模式，在产业共生链上企业不仅能够在价值链中的不同环节提供和保持自己独特的核心能力，而且能有效地实现核心能力的集成与整合。

因此，研究河北省建筑行业的"双碳"工作，不仅要从政策上、技术上推动市场主体采用更节能、低耗、减排的建材、建造和运营方式，还要从产业生态圈的角度讨论建筑行业整体产业链的碳达峰和碳中和的问题。但是，目前河北省尚未摸清"碳中和"建筑产业生态圈的本底状况。基于此，本调查项目拟针对碳中和产业生态圈提出一个明确的定义，并结合河北省的资源禀赋、产业基础，构建建筑行业"碳中和"生态圈的整体框架，提出相应的对策建议。研究结果可以推动建筑行业向绿色低碳方向发展，并提升河北省未来的产业竞争力。

第二节　研究目标及方法

一、研究目标

本书将以河北省建筑业为核心产业，围绕其产业生态圈梳理碳排放和碳吸收的情况，掌握该生态圈碳中和技术的前沿应用，结合河北省资源禀赋、建筑产业基础，提出河北省建筑行业生态圈"碳中和"目标实施建议。

本书将从政策研究、技术文献和典型案例分析、政府相关部门访谈、企业访谈等不同角度，获得国内外、省内外关于建筑行业生态圈"双碳"工作的相关信息。同时，利用统计数据测算河北省建筑行业生态圈碳排放的现状，进而有针对性地提出具体的对策建议。

二、研究方法

本书研究采用的主要方法有文献研究、政策分析、案例分析、质性访谈、问卷调查等。首先，开展广泛的文献研究，厘清建筑行业"双碳"话题相关的理论、技术与政策背景。其次，从全球建筑行业生态圈"双碳"的大背景开始切入，充分解读、汇总国外建筑行业生态圈"双碳"工作相关的政策、应用的主流技术以及推动的典型案例。同时，本书进一步研究、汇总国家层面建筑行业生态圈"双碳"工作的相关政策导向，总结国内其他省份在建筑行业生态圈推动"双碳"工作的具体举措、采纳的技术和推动的成功经验。

在此基础之上，本书利用质性访谈和问卷调查相结合的方法，面向河北省建筑行业政策主管部门、相关企业、行业协会等对象开展研究，重点研究河北省建筑行业生态圈"双碳"工作的现状以及当前全省、各地市正在推动和应用的政策、举措、技术等，通过与国内外政策、技术、经验的对比，分析河北省建筑行业生态圈"双碳"工作的亮点和不足，最终提出河北省建筑行业绿色低碳转型的战略布局和技术路径。

第三节　建筑行业图谱

建筑是人类生产生活与生俱来的必需品，其发展几乎与人类社会一样古老。人类的建筑活动伴随着人类自身的生活发展与文明进化，由原始状态下的掘洞、构巢而栖，到后来的垒石、架木建筑而居。随着人类社会经济和技术、文化的发展，建筑产品以及建筑生产活动的内容在不断变化和扩展，人们对建筑行业的认识也在发生变化，发展至现在能够使用各种建材建造更加坚实、舒适、美观、绿色的现代建筑。

一、建筑行业的一般分类

一般而言，建筑行业的概念有狭义和广义之分。从狭义的概念出发，建筑行业是指以房屋建筑和构筑物等建筑产品为生产对象的产业部门；广义的概念包括与建筑生产活动有关的各种产品和服务，其范围涉及勘察设计、原材料、建筑、土木、机械、设备、工程施工与安装、构配件生产、中介服务等领域。广义的建筑行业概念反映了建筑生产经营活动的实际活动范围和发展空间，而狭义的概念是从统计分类角度出发对建筑行业的行业范围进行了定义。

根据《国民经济行业分类（GB/T 4754—2017）》的规定，作为国民经济二十个分类行业之一的建筑行业由四个大类组成：房屋建筑行业，土木工程建筑行业，建筑安装业，建筑装饰、装修和其他建筑行业，如表1-1所示。建筑行业的职能主要是对各种建筑材料和构件、机械设备等进行建筑安装活动，为国民经济建造生产性与非生产性固定资产。

表1-1 国民经济行业分类中建筑业分类

大类		建筑业（本门类包括47~50大类）
47	房屋建筑业	指房屋主体工程的施工活动。不包括主体工程施工前的工程准备活动；包括住宅房屋建筑、体育场馆建筑、其他房屋建筑业
48	土木工程建筑业	指土木工程主体的施工活动。包括铁路、道路、隧道和桥梁工程建筑，水利和水运工程建筑，海洋工程建筑，工矿工程建筑，架线和管道工程建筑，节能环保工程施工，电力工程施工，其他土木工程建筑；不包括施工前的工程准备活动
49	建筑安装业	指建筑物主体工程竣工后，建筑物内各种设备的安装活动，以及施工中的线路敷设和管道安装活动。包括电气安装、管道和设备安装、其他建筑安装业；不包括工程收尾的装饰，如对墙面、地板、天花板、门窗等处理活动
50	建筑装饰、装修和其他建筑业	包括建筑装饰和装修业、建筑物拆除和场地准备活动、提供施工设备服务、其他未列明建筑业

资料来源：国家统计局《国民经济行业分类（GB/T 4754—2017）》。

另外，国际机构对建筑行业的定义也并非完全一致。联合国1989年制定的《国际标准产业分类》（International Standard Industrial Classification of All Economic Activities，ISIC，Rev. 3）把全部经济活动分为十七大类，建筑行业是其中的第六大类，包括：①施工场地的准备；②全套或部分建筑的建造、土木工程；③建筑物安装；④建筑物修饰；⑤租赁建筑或爆破设备并配备操作人员。这与我国的国民经济行业分类标准的内容基本相同，因而也属于狭义的建筑行业概念。但在联合国 1997 年制定的针对所有商品和服务而建立的《产品总分类》（Central Product Classification，CPC，Ver. 1）中，建筑和建筑服务被列在第五大类，涵盖的内容超出了 ISIC 所涉及的内容。

同样，世界贸易组织（WTO）也将与建筑行业有关的产品和服务划归为服务贸易。1995 年 1 月 1 日和 WTO 同时生效的《服务贸易总协定》（General Agreement on Trade in Services，GATS）将服务贸易分为 12 个类别，约 150 个分项，其中包括"施工及相关工程服务"和"建筑设计与工程设计服务"。所谓施工及相关工程服务，指为提供工程实体的施工建造以及与此相关的工程设计服务而进行的经济贸易活动，具体分为 5 个服务分项，即一般房屋建筑工程、一般土木工程、安装与装配工程、房屋装修装饰工程和其他工程。而建筑设计与工程设计服务列入"商业服务"的专业服务部门，共分 4 个服务分项，即建筑设计服务、工程设计服务、综合工程服务、城市规划与景观设计服务。

综上所述，按照传统的行业分类方法，"狭义建筑行业"指从事建筑产品生产活动的产业部门，属于第二产业，这样划分的目的是便于进行国民经济核算和统计分析。而"广义建筑行业"涵盖了建筑生产活动以及与此相关的服务活动，同时涉及第二产业和第三产业的内容，包括从事建筑产品生产（包括勘察、设计、建筑材料、半成品和成品的生产、施工及安装）、维修和管理的机构，以及相关的教学、咨询、科研、行业组织等机构。显然，"广义建筑行业"的含义大大超出了行业分类标准所涉及的内容，符合建筑行业的发展趋势，也是行业管理和产业政策取向的重要参照。但由于没有相应的行业统计数据资料，因此对广义的建筑行业进行实证分析有较大的难度。

二、建筑行业的产业生态圈

依托劳动密集型产业形态，建筑行业在过去几十年乘上了中国改革开放和基础设施建设的大浪潮，在国家的黄金发展期中得到了迅速发展。但当各种传统行业红利逐渐消失，经济下行的压力袭来时，许多长期以来以粗放型发展模式运营的建筑类企业遭遇艰难转型，陷入行业升级的困境中。这时，对于建筑行业的理解就不能仅仅停留在前述狭义和广义的分类层面，而应从建筑行业的全生命周期、全产业链、产业生态圈的角度，持续将相关企业培养和锻炼成为建筑全生命周期的参与者及服务商。

建筑工程项目具有技术含量高、施工周期长、风险高、涉及单位众多等特点，全建筑生命周期的划分显得十分重要。建筑全生命周期简单地说是指从原材料与构件生产、规划设计、施工建造、运营维护直到拆除与处理（废弃、再循环和再利用等）的全循环过程。因此，建筑行业的产业生态圈涉及资源和原材料供应部门、建筑规划与设计部门、建筑施工建造部门、建筑运营部门、还原生产部门等相关主体，如图1-1所示。每个部门或机构各司其职，构成了建筑行业的整体生态系统。其中，资源和原材料供应部门（钢铁厂、水泥厂、建材厂等）是生态系统内的生产者，利用基本环境因素（土壤、空气、水、岩石、矿物质等自然资源）生产产品，为建筑业生产提供初级原料及能源；建筑规划设计部门是生态系统的总设计师，统筹规划建筑节能方案、建材选用、建筑施工方式等；建筑施工装配（施工企业、装饰装修企业等）是生态系统内的消费者，利用生产者所提供的产品满足自身运行发展，将初级资源加工和转化为满足人类生产、生活所需要的建筑物；建筑运营部门（物业管理、城市服务、社区运营等）利用先进的管理制度体系和技术手段，实现对建筑设施设备与使用空间的管理，打造建筑可持续的安全耐久、健康舒适、生活便利、资源节约和环境宜居的使用环境和低碳、友好的社会环境；还原生产部门（资源回收利用公司等）是生态系统内的分解者，其将建筑企业所产生的副产品及"废物"进行资源化或无害化处理，令其转化为新产品。

近年来，我国也在持续推进建设行业全产业链实现高质量发展、绿色发展。2020年7月，住房和城乡建设部、国家发展和改革委员会等十三个部门联合印发《关于推动智能建造与建筑工业化协同发展的指导意见》，推动探索适用于智能建造与建筑工业化协同发展的新型组织方式、流程和管理模式。加强智能建造在工程建设各环节应用，强化智能建造上下游协同工作，形成包含科研、设计、生

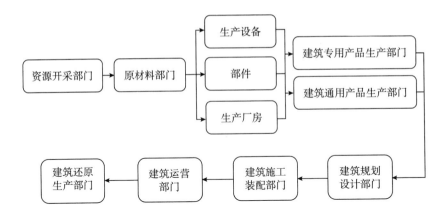

图1-1 建筑行业的产业生态圈构成

产加工、施工装配、运营等全产业链在内且融合一体的智能建造产业体系。2020年8月，住房和城乡建设部、工业和信息化部等九个部门联合发布《住房和城乡建设等部门关于加快新型建筑工业化发展的若干意见》，强调推进产业链上下游资源共享、系统集成和联动发展，推动全产业链协同，整合工程全产业链、价值链和创新链，实现工程建设高效益、高质量、低消耗、低排放的建筑工业化。

国内各地也在不断推动建筑行业全产业链的融合发展和工业化、智能化、绿色化转型升级。

山东省发布《山东省新型建筑工业化全产业链发展规划（2022-2030）》，明确以建筑工业化、数字化、智能化、绿色化升级为动力，创新工程建造发展模式，着力提升工程建造安全、效益和品质，加快形成"总体规模大、龙头企业强、专业企业精、链条协同紧"的新型建筑工业化全产业链，促进建筑业转型升级和高质量发展。

广州市发布了《广州市构建"链长制"推动建筑业和规划设计产业高质量发展三年行动计划（2022-2024年）》，积极构建"链长制"工作推进体系，梳理工程建设项目全生命周期的建筑业产业主链（即从规划、工程立项、勘察、设计、监理、咨询、造价、施工、日常运营、拆除再生），延伸补强人才链、供应链、信息链、服务链、资金链、创新链，形成市场自主创新与政府产业扶持的联动机制，通过深化供给侧结构性改革，打破瓶颈制约，加快构建新发展格局，培育现代化的建筑业产业体系，推动建设智能建造完整产业体系。

温州市印发《关于进一步支持建筑全产业链高质量发展的实施意见》，以促进建筑业全产业链高质量发展的若干建议为中心轴，健全配套"1+X+N"政策体系。"1"代表建筑全产业链高质量发展的主旨；"X"表示提高住建、水利和交通等部门的质效；"N"意味着培育建筑业建材集采、新时代产业工人孵化、矿山井巷企业等产业平台，形成立足实际、创新载体、培育特色、全面推进的建筑业全产业链发展模式。

河北省在《河北省新型建筑工业化"十四五"规划》中也强调将从工程项目全生命周期视角梳理新型建筑工业化发展节点，深挖产业价值链，增强创新链，加强政府引导，鼓励企业参与，逐步构建和完善由 5 个项目阶段（咨询研发、集成设计、生产制造、安装建造和运营维护）、3 个层级（项目阶段、细分行业、产品与服务）与 95 项核心产品与服务组成的"5395"新型建筑工业化产业体系。

第四节　相关术语

本书涉及"双碳"、碳减排、建筑节能、绿色建筑、低碳建筑发展、绿色城市建设、绿色建造、既有建筑节能绿色改造、建筑全生命周期、低碳技术共 10 个核心的相关术语，其对应的释义如下：

一、"双碳"

双碳是碳达峰与碳中和的简称，是中国在 2020 年 9 月提出的两阶段碳减排奋斗目标，即力争于 2030 年前达到二氧化碳排放峰值和努力争取在 2060 年前完成碳中和。2021 年 12 月 13 日，"双碳"入选"2021 年度中国媒体十大流行语"；

2021 年 12 月 20 日，入选"2021 年度十大流行语""2021 年度十大新词语"；2022 年 1 月 4 日消息，入选《中国名牌》评出的"2021 年度品牌十大热词"。

二、碳减排

碳减排指减少二氧化碳等温室气体的排放量。"十二五"规划明确提出逐步建立碳排放权交易市场，并将二氧化碳排放强度大幅降低作为约束性目标。构建碳市场，既是我国应对全球减排的迫切需求，也是促进我国实现绿色转型发展的重要途径。

三、建筑节能

建筑节能是指在满足同等需要或达到相同目的的条件下，将建筑材料的生产、房屋建筑和构筑物施工及使用过程中的能耗尽可能地降到最低。具体而言，是在建筑物的规划、设计、新建（改建、扩建）、改造和使用的过程中，贯彻落实节能标准，使用节能型的技术、工艺、设备、材料和产品，对保温隔热性能和采暖供热、空调制冷制热系统的效率进行提升，对建筑物用能系统的运行管理进行强化，充分利用可再生能源，在确保室内热环境质量的前提下，加大室内外能量交换的热阻，从而减少供热系统、空调制冷制热、照明、热水供应等因大量热消耗而产生的能耗。

四、绿色建筑

绿色建筑是指为了节约资源、保护环境、减少污染、为人们在整个生命周期内提供一个健康、适宜、高效的使用空间，最大限度地实现人与自然和谐共生的高品质建筑。自 1992 年召开联合国环境与发展大会以来，中国政府发布了一系列相关的导则、纲要和法律法规，大力推进绿色建筑的发展。2004 年 9 月，建设部设立"全国绿色建筑创新奖"，推动绿色建筑的全面发展。2005 年 3 月，我国召开的首届国际智能与绿色建筑技术研讨会暨技术与产品展览会并开始公布"全国绿色建筑创新奖"。2005 年 5 月，建设部发布《建设部关于发展节能省地型住宅和公共建筑的指导意见》，推动转变城乡建设方式，建设节约型城镇。2006 年 6 月，住房和城乡建设部发布《绿色建筑评价标准》，第一次从住宅和公共建筑全寿命周期出发，多目标、多层次对绿色建筑进行综合性评价。该标准自发布 10 多年以来"3 版 2 修"，于 2019 年更新为最新版的 GB/T 50378—2019，在总体上已经达到国际领先水平。

五、低碳建筑发展

低碳建筑的理念起源于低碳经济，由于我国在低碳经济方面起步较晚，与发达国家相比还有较大的差距，但在"低碳"思想风靡全球的今天，低碳经济和低碳建筑逐渐得到国内的重视。

六、绿色城市建设

绿色城市建设是制定绿色低碳城市建设实施方案和绿色建筑专项规划，明确绿色低碳城市发展目标和主要任务，在深入评估城市建筑能源资源消耗和碳排放现状的基础上，结合建筑节能和绿色建筑工作，确定新建民用建筑的绿色建筑等级和布局要求，以实现高星级绿色建筑规模化发展，全面提升建筑节能与绿色建筑发展水平。

七、绿色建造

绿色建造是指按照绿色发展的要求，实现人与自然和谐共处的工程建设活动，其通过科学管理和技术创新，采用有利于节约资源、保护环境、减少排放、提高效率、保证质量的施工方法。2021 年 3 月 16 日住房和城乡建设部办公厅印发了《绿色建造技术导则（试行）》。

八、既有建筑节能绿色改造

既有建筑的改造是将生态文明建设和绿色发展作为根本目标，遵循"安全、适用、经济、美观"的原则，与城市的发展方向和发展趋势相结合，使既有建筑的改造朝着"综合性能提升改造方向"发展。既有建筑的节能绿色改造采用新材料、新工艺、新技术、新设备，其技术体系涉及了绿色建筑、被动式建筑、健康建筑、装配式建筑、智慧城市、海绵城市、生态城区等多个专业领域。改造涉及调查、安全评估、能耗统计及节能潜力分析、"四节一环保"技术策略、资源能源集约化利用、绿色施工、设施设备管理和维护等内容。

九、建筑全生命周期

建筑全生命周期指从材料与构件生产（含原材料的开采）、规划与设计、建造与运输、运行与维护直到拆除与处理（废弃、再循环和再利用等）的全循环过程。其分为四个阶段，即规划阶段、设计阶段、施工阶段、运营阶段。

十、低碳技术

低碳技术指的是电力、交通、建筑、冶金、化工、石化等领域以及在可再生能源及新能源的清洁高效应用、油气资源和煤层气的勘察开发、二氧化碳捕集与封存等领域开发的有效控制温室气体排放的新技术。

第二章 国外建筑行业生态圈"双碳"政策及技术应用情况

发展低碳经济、实现节能减排已成为国际社会持续发展的大趋势。在各种人类活动中，建筑行业被认为是碳排放的主要源头。美国、欧盟、日本等国响应国际号召，提出一系列关于"双碳"的政策措施中均涉及建筑行业，旨在促进建筑行业的节能减排，实现绿色发展。

作为一个典型的资源受限国家，日本非常重视资源节约、环境保护和可持续发展，因此重视碳排放领域与碳减排方式，以减少能源消耗。韩国将"绿色增长"作为经济增长的引擎，旨在发展低碳节能新模式。欧盟始终是积极应对全球气候变化的倡导者、推动者和领导者，同时，它将环境和气候的全球挑战视为经济发展的机遇，并致力于加强欧盟经济的绿色低碳竞争。作为全球最大的能源消费国和第一大原油进口国，美国极其重视能源技术研究，并将能源领域作为美国绿色发展战略的重点。因此，本章研究上述国家的优良策略及技术应用，对比分析中外建筑行业碳排放以及碳减排政策推广及发展技术。

第一节 国外建筑行业政策内容情况

一、建筑节能规划设计

欧盟、日本等国家的建筑节能规划设计指令和政策，总体呈现前瞻性、目标定量化、目标细化以及分类管理的特点。通过梳理发达国家的建筑节能设计的相关政策对我国建筑行业的低碳发展具有重要的现实意义和借鉴价值。

（一）欧盟

欧盟目前是仅次于美国的世界第二大能源消费国，建筑能耗占比显著，占欧盟建筑领域总能耗的40%，温室气体排放量约占世界总排放量的30%。因此，建筑节能成为欧盟实现其减排目标的优先发展领域。欧盟践行低碳发展30余年，在目标制定与顶层框架设计方面均展现了前瞻性和系统性，如2018年出台的EED《节能指令》对建筑低碳改造实施了长期的激励战略，以及督促成员国建立节能责任计划。全面梳理欧盟及其成员国有关建筑节能的政策，对指导我国建筑行业实现碳中和的目标制定和顶层设计有重要的指导意义。

1. EED《节能指令》

2010年6月18日，欧盟出台了《节能指令》，该指令规定，成员国从2022年12月31日起，所有的新建建筑都是近零能耗建筑；从2018年12月31日起，政府使用或拥有的新建建筑均为零能耗建筑。为了实现欧盟提高能源效率的目标，各成员国正在积极推动超低能耗建筑（近零能耗建筑）的发展。超低能耗建筑是个广义的概念，包括能效高于国家现行标准30%以上的低能耗建筑、被动房（3升房）、零能耗建筑和产能房，欧盟逐步建立和完善了超低能耗建筑标准体系。该指令对成员国建筑及建设标准进行了如下规定：成员国必须就投资国内公有和私有商用建筑及居民住宅楼改造工程建立长期的激励战略；成员国必须确保翻修面积达到中央政府所有合租用的全部空调建筑总面积的3%（大于500平方米）（适用EPBD修订标准）；成员国需制订节能责任计划（通常称之为"白色认证计划"）或其他同等效率的措施，旨在提供节能措施，实现年均节能1.5%；成员国需向所有最终客户推广采用高标准的第三方能源审计。

自指令颁布后，推广被动式房屋已成为欧盟进一步挖掘建筑节能潜力、摆脱对化石燃料依赖的有力措施之一。在被动房的基础上，欧盟还进一步研究与发展零能耗建筑和产能房建筑（或正能效建筑）的概念，这已代表了未来建筑节能的方向。被动式住宅标准是在欧洲国家低能耗建筑标准的基础上制定的。欧洲节能减排发展较好的国家建立了相应的超低能耗建筑标准体系，加快欧盟的能源效率项目进度。

2. EPBD《建筑能效指令》

EPBD 对成员国建筑及建设标准进行了如下规定：要求成员国开发和运用方法学框架计算建筑物的能效，此计算方法应考虑建筑物和供暖设备的热特性；成员国必须采取必要措施，确保建筑物或建筑群的最低能源效率要求的设定和实施，达到成本优化水平，此规定适用于所有新建建筑和进行重大改造的既有建筑；要求成员国采取措施，对既有建筑中安装的技术系统的性能、安装、规格、调整和控制进行优化；成员国需确保到 2020 年底所有新建建筑达到近零排放建筑标准，所有新建公用建筑提前两年达到这一标准，成员国还应起草一份国家计划，列出扩大近零排放建筑数量的计划、近零排放建筑的定义、鼓励建筑物通过改造翻新达到近零排放建筑标准的政策和措施；要求成员国确保定期检查暖通空调系统所有可维修部件已使用 15 年以上的暖通设备，必须进行能效评估；成员国必须按照《建筑能效指令》中的一系列基本要求实施 EPC 方案（特别是对内容、展示与披露、可靠性、有效性、质量等方面的要求）。

英国的《建筑能耗指令》二氧化碳减排效果比较好。英国政府制定了建筑规章（Building Requlation），目的是确保建筑使用者的健康和安全。表 2-1 显示了英国住宅建筑实施能效证书前后的 CO_2 减排情况以及供暖能耗和总能耗的减少情况。可以看出，通过节能措施，建筑业每年可以减少 0.33 吨 CO_2 的排放。在英国，70%~90% 的家庭达到了能源效率证书的节能要求，20%~70% 的家庭如果采用这些建议，每年可以减少 60 万吨二氧化碳的排放。两者加在一起，每年可以减少 0.93 亿吨二氧化碳的排放。此外，英国的住宅能耗预计将以每年 2% 的速度增长。从表 2-1 中可以看出，实行能效证书后，每年能耗可降低 2.25%，两者基本相同。这样，实施能效证书后就可以实现欧盟能效指令规定的降低能耗和 CO_2 减排的目标。

3. 德国的《2050 年气候行动计划》《气候保护计划 2030》《建筑物能源法》

2016 年 11 月 17 日，德国政府提交了《2050 年气候行动计划》，重申到 2050

表 2-1　英国住宅能耗变化

	每年 CO_2 减排量（吨）			年能耗需求降低量（%）	
	目前政策	采取能效证书	总减排量	供暖能耗	总能耗
目前政策	0.33	0	0.33	1.29	0.8
激励机制	0.33	0.14	0.47	1.85	1.14
能效证书实施后	0.33	0.6	0.93	3.63	2.25

年温室气体排放量比 1990 年减少 80%～95% 的目标，并制定了气候行动的政策目标和计划。该规划提出有关能源、建筑、交通、工业、农业和林业等领域的总体目标和举措，其中对于建筑的战略措施作如下规定：构建气候中立型建筑物路线图，包括逐渐发展针对新建筑物和旧建筑物进行翻新的节能标准；对基于可再生能源的供热系统进行资金筹集。将提高能效与可再生能源的使用相结合；计划大量投资于具有高能源标准的建筑项目；建筑物中的供暖、制冷及电力供应逐步转向可再生能源；到 2050 年，实现建筑物的气候中立，并将建筑行业的一次能源需求相比 2008 年的水平降低至少 80%。

《气候保护计划 2030》将建筑和住房、能源、工业、建筑、运输、农林六大部门的减排目标进行分解，规定了各部门减排措施、减排目标调整、减排效果定期评估的法律机制。

德国于 2020 年 11 月 1 日生效的《建筑物能源法》明确了用基于可再生能源有效运行的新供暖系统代替旧供暖系统的要求。除此之外，德国联邦政府也十分注重提高能源效率和投资可再生能源。对此，德国联邦政府也出台了一系列税收减免措施，如德国的一些政策性银行和联邦政府通过建立联邦节能建筑基金以提高能源效率，给建筑节能改造提供了免税和信贷支持。

具有强制约束力的法律可以保障政策性的减排目标的实现。首先，德国政策注重碳定价的政策设计，这是基于德国总体经济利益和确保其长期竞争力而制定的。通过碳定价激励企业积极采取措施主动进行碳减排，并将碳减排纳入与企业经营绩效直接关联的实际测量，在减排目标的实现中发挥了推动作用。财政对气候保护产业政策和技术研发的积极投入，对整个经济体系、能源体系和科技体系的企业采取积极措施响应减碳战略目标具有拉动作用。

（二）日本——《关于能源使用合理化法》（简称《节能法》）

日本在《京都议定书》中表明计划在 2008～2012 年，每年温室效应气体排放量平均值要比 1990 年减少 6%，按照目前状况，该目标的实现显然存在着相当大的困难。如果日本国内不能降低温室效应气体的排放量，那么就必须从国外购买排放权来解决面临的问题。为此，日本政府重新制定和修改现行的法律制度，制定相应的措施。

日本的《节能法》（又称《关于能源使用合理化法》）于 1979 年生效，经过多次修改，现在已经涵盖工厂、运输、建筑、机械器具四大主要能源使用领域，该法律涵盖了日本四大能源使用行业 90% 的公司。《节能法》共有八章 99 条，内容涉及工厂、运输、建筑、机械器具的节能措施，以及总则、基本方针、杂则和罚则等条款。在建筑节能措施方面，《节能法》规定：对于要新建、扩建或维修房屋的建设方、业主或使用者、管理者必须想方设法提高建筑物的能源利用效率，除了新建建筑的外围护结构和设备必须按照节能标准要求外，在既有建筑的外围护结构改造和设备更新时，也必须满足建筑节能标准要求。为实现对《京都议定书》的承诺，2005 年修订的《节能法》中，在建筑节能方面加大了"节能措施申报义务"的建筑范围，由原来新建或扩建 2000 平方米以上的公共建筑，扩展到大规模修缮 2000 平方米以上的公共建筑和新建或扩建、大规模修缮 2000 平方米以上的住宅，加强了对建筑节能的管理。上述建筑必须向所在地主管部门报送符合现行节能标准的建筑节能措施报告。同时，他们应该每三年一次向行政机关提交有关实施建筑物能源效益措施的资料。对不符合节能要求的，应当予以公布，责令改正。2008 年，修订了《节能法》，随着新修订的《节能法》的实施，建筑节能工作将进一步加强。2015 年制定了《建筑节能法》，从大规模住宅开始阶段性实施强制执行节能标准达标。

为加快推进绿色低碳产品的激励机制，扩大产品种类的覆盖范围，在包括墙体材料、门窗玻璃、暖通设备等在内的建筑材料领域建立"领跑者制度"，推动节能性能好的建材广泛应用。通过《节能法》和施工高效化等措施，预计到

2030 年，日本每年减少 32000 吨 CO_2 排放；到 2050 年，建筑施工中领域实现碳中和。

（三）美国——《纽约市城市总体规划（2008-2030）》

《纽约市城市总体规划（2008-2030）》是一个受到美国规划界好评的规划。纽约市与中国的许多大城市有相似之处：①经济增长的压力与低碳排放的要求并存。到 2030 年，纽约市的城市人口将在目前的基础上增加 100 万人。与此同时，纽约市给自身提出了非常明确的"碳减排"指标。②市政基础设施落后，难以满足人口增长和城市高效运行的需求。③纽约市居住密度高。

该规划提出四项策略以完成"碳减排"任务，其中对于建筑节能方面规定如下：建筑节能，减少二氧化碳排放 1640 万吨。在降低能源消耗方面，纽约市采取的政策包括五个部分：提高现有建筑的能源效率；发展节能建筑；提高电气设备的效率；促进城市建筑、绿色能源法规；通过教育和培训提高节能意识。为实现上述几点，纽约市的政策包括资金、法规、机构设置和关键地点在关键时期控制等方面。在资金方面，该市每年能源预算的 10% 将用于节能设备。在 2009 年前，政府会动用 8000 万元改善建筑物的能源效益。到 2017 年，这些建筑将减少 30% 的能源消耗。在法规方面，2010 年前必须完成两轮法规修订。在机构设置方面，将在 2009 年前建立一个新机构，它名为纽约市能源规划委员会，负责完成纽约市的节能工作。

《纽约市城市总体规划（2008-2030）》的目标已尽可能量化，便于今后进一步细化目标和实施效果评价。"减碳"工作无疑涉及各个政府部门。在制定城市总体规划的过程中，可以最大限度地使参与具体事务的行政单位合理化，减少和避免部门之间的相互推诿，降低个别部门的工作强度和不确定性。低碳规划是一项长期的工作，应包含对如何将政策落实为行动以及如何展开行动的系统表述。对此，我们可以借鉴纽约市城市总体规划的经验，它制订 150 项行动计划并通过列矩阵（Matrix）的形式，列出了所有要实现的目标和要采取的行动，以确保每个目标都落实为具体行动。另外，《纽约市城市总体规划（2008-2030）》体现了纽约市减排运动是由政府主导的。

（四）韩国——《绿色增长国家战略及五年计划》

为实现"2030 国家自主贡献"减排目标，韩国政府制定了国家碳中和、绿色增长战略和基本计划。韩国环境部计划全方位推进社会、经济结构碳中和转换及建立行业扶持制度，相继出台了多项保障"绿色增长"战略实施的制度与政策，其中，《绿色增长国家战略及五年计划》在建筑节能方面做出相应规定，为减少碳排放提供了良好的制度环境。

该计划为零能耗建筑制订了三步走计划：到 2012 年达到低能耗建筑目标，减少50%的建筑制冷/供暖能源；到 2017 年实现被动式房屋建筑制冷/采暖能耗降低80%的目标；到 2025 年，全面实现零能耗建筑目标，建筑能耗基本实现供需平衡。2014~2017 年，韩国国土交通部、科技部、产业资源部、农林部、安全行政部、财政部以及教育部将和地方政府合作，共同推动零能耗建筑的发展。表 2-2 是相关的时间节点和部门相应的分工。

表 2-2 韩国部门分工及时间

工作内容	具体分工	部委	时间
核心技术研发	核心技术研发（建筑材料技术研发，木制零能耗小镇，零能耗城镇）	科技部、产业资源部、国土部、农林部	2014
	促进市场基础型零能耗建筑及城镇	国土部	住宅，2017 城镇，2016
零能耗制度建立和基础建设	放宽建筑相关系数（如容积率，准备审议方针）	国土部、地方政府	2014
	征税减免（所得税、财产税、法人税等）	安全行政部、财政部	2015
	允许市场价的成本加利定价	国土部	2014
	建立零能耗建筑技术服务中心	财政部、国土部	2014
	建立建筑材料性能评价系统	国土部	2017
	修订《公园法》等相关法律法规	国土部	2015
示范工程补贴	可再生能源补贴	产业资源部	2015
	住宅基金补贴	财政部、国土部	2015
	被动式技术以及能源管理系统补贴	财政部、国土部	2015

续表

工作内容	具体分工	部委	时间
示范工程促进	征召及选定对象	国土部	底层型，2014 高层型，2015 城镇，2016
	能源基础设施	教育部、产业资源部、国土部	2015

由上述各发达国家在建筑节能的规划和设计中可以看出，各国重视建筑改造及翻新方面的能耗规定，出台系列政策，包括建造装配式建筑及超低能耗建筑、发展高能效建筑、全面实现零能耗建筑目标、绿色建筑全过程管控以及进行能效评估。值得借鉴的政策有：①通过建立长期的激励战略，建筑能耗基本实现供需平衡，设立新建建筑标准并对既有建筑进行重大改造。②节能目标应尽可能量化，既便于目标的进一步细化，也便于今后的效果评价和实施。目标和行动要一起采取，从而确保每个目标都转化为具体的行动。③政策性的减排目标必须依靠具有强制约束力的法律保障。④按照能耗高低将建筑进行分类分级管理，积极落实与建筑物能效相关的法律以及从二氧化碳排放的源头入手，落实到责任主体，全方位地为建筑节能做好规划，均在一定程度上降低了建筑的碳排放量，实现了建筑节能的目标。如表2-3所示。

表2-3　发达国家建筑节能规划设计对比表

国家/区域	建筑节能规划设计
欧盟	建立长期激励战略、节能责任计划；确保设定和实施最低的建筑或建筑群能效要求；定期检查维修部件和暖通设施从而进行能效评估；设定基本的建筑节能技术标准；就各种建筑技术建立能效标识方案；构建气候中立型建筑物路线图；提高能效与可再生能源的使用相结合；计划大量投资于具有高能源标准的建筑项目；投资于碳捕获、使用和储存技术
日本	想要建造、扩建或维修房屋的建筑商、业主、用户和管理者必须找到提高建筑物能源效率的方法；除了新建建筑外围结构和设备必须按照节能标准进行设计外，现有建筑外围结构改造和设备更新也必须符合建筑节能标准；每3年定期向行政管理机构提交有关建筑节能措施的实行情况
美国	提高现有建筑的能效；发展具有能源效益的楼宇；提高电气设备的效率；促进城市建筑和能源法规的绿色化；通过教育培训提高节能意识

国家/区域	建筑节能规划设计
韩国	到 2012 年,实现低能耗建筑能耗降低 50%;到 2017 年,实现被动房建筑能耗降低 80%;到 2025 年,全面实现零能耗建筑目标,建筑能耗基本实现供需平衡

二、建筑节能改造与运营

建筑节能改造和运营主要面临政策问题、资金问题、管理问题、技术问题,基于此,欧盟、美国等国家在政策和指令上主要对建筑节能改造的存量、改造量、耗能量、投入资金、技术水平等提出标准和规范,以提高建筑节能改造与运营效率和效果。

(一) 欧盟

在建筑减排领域,欧盟将以节能和提高资源利用效率的方式进行建筑改造及翻新。建筑物隔热性能的改善会减少化石燃料的使用,从而降低欧洲对能源进口的依赖。建筑领域占欧盟最终能源消耗的40%,占其温室气体排放量的36%,因此,提高建筑物能效也是欧盟能源转型的核心。欧盟一直在努力鼓励提高能效,例如,为实现 2020 年的能效目标,对公有建筑施加了适度的要求。此后,欧盟委员会已经起草了一系列节能法律法规,作为旨在到 2030 年将欧洲温室气体排放量减少 55% 的立法方案的一部分。包括提高建筑物翻新的速度和深度,提高相关建筑的能源效率和可持续性,确保到 2050 年所有建筑达到气候中和。

1.《建筑物能源性能指令》

《建筑物能源性能指令》规定成员国要采取必要的措施,根据建筑能耗性能计算方法确定出建筑能效最低标准。在确定最低标准时,新建建筑物、现有建筑物和不同类型的建筑物可以区别对待,但应考虑到一般的室内空气环境(如通风不足)、具体的当地条件、建筑物的具体功能和建筑物的使用寿命,以避免产生负面影响。应有定期检查这些建筑物的制度,每隔不到 5 年的时间进行一次检查,随着建筑业方面的技术进步,可以进一步提高标准。对于面积超过 1000 平方米的新建筑,成员国应该在施工前考虑使用热泵、热电联产和区域替代系统,如供暖或制冷、分布式可再生能源供应系统，以及技术、环境和经济可行性研究，以确保新建筑的最低能源有效的标准要求。现有建筑节能改造并不是对建筑的全面改造，而是对与节能有关的部分进行改造，且要求成本低、节能效果好，具有合理的投资回收期，不能影响建筑物的主要功能、特点和质量。各成员国对于使用面积超过1000平方米的既有建筑进行重大改造，应采取措施，确保建筑物的能源效率在技术、功能和经济上都是可行的，以达到最低能源效率标准。最低能源效率标准可以针对整个建筑或在一定时间内需要翻新的系统设定，但目标是提高建筑的整体能源效率。

根据 EU Buildings Stock Observatory 数据，从2012年起，欧盟近零能耗建筑占比不断上升，其中非住宅零能耗建筑占比在2012~2016年持续上升，而住宅零能耗建筑在2014年达到峰值之后小幅下降，但仍维持在0.23%的水平，总体来看，近零能耗建筑的占比呈现上升趋势。英国具有A级能源性能的住宅占比同样总体维持爬升的态势。欧洲对建筑的具体政策在近年开始密集出台并实施，预计未来伴随着建筑能效提升的进一步加速，建筑行业脱碳进程也将相应加快。

2. EGD《欧洲绿色新政》高能效和高资源效率建造和翻新建筑

《欧洲绿色新政》中对建造和翻新建筑进行了讨论与规定，讨论及规定原文如下所示：建筑物的建造、使用与翻新会消耗大量能源与矿产资源（如砂石、砾石、水泥等），建筑物占能源消耗的40%。现如今，各成员国的存量建筑年均翻新率在0.4%~1.2%浮动，这个比例至少翻1倍才能完成欧盟的节能与气候目标。与此同时，5000万消费者的室内供暖仍成问题。为了解决能源效率与可负担性两大问题，欧盟与各成员国应该掀起公共建筑与私人建筑的翻新热潮。虽然提高翻新率是一项艰巨的任务，但建筑翻新可以降低能源费用，缓解能源匮乏，还可以推动建筑业发展，支持中小企业发展，为当地提供就业机会。

欧洲委员会将积极落实与建筑物能效相关的法律。首先，欧洲委员会将在2020年评估各成员国的国家长期翻新策略，还会尝试将建筑物碳排放纳入欧洲碳排放交易体系，努力确保不同能源资源的相对价格能为节能释放正确信号。此外，欧洲委员会还将审查《建筑产品法规》，并确保各个阶段的新建与翻新建筑物设计能够满足循环经济的需求，提高存量建筑的数字化水平与气候防护水平。

与此同时，欧洲委员会计划在 2020 年与利益攸关者合作实施一项新倡议，具体内容包括建立一个开放平台，联合建筑行业、建筑工程师以及地方政府，共同解决建筑翻新面临的障碍，在"投资欧洲"（InvestEU）框架下制订创新融资计划。这些计划主要针对能够通过合同能源管理等方式推动建筑翻新的住房协会或能源服务公司的发展。此倡议的主要目标是集聚各路建筑翻新力量，获益于良好的融资条件和规模经济效益。欧洲委员会也将取消各国限制出租所有权建筑物能效投资的监管壁垒，重点关注保障性住房的翻新问题，为难以支付能源费用的家庭提供帮助。此外，因为建筑节能节省下来的费用会用于支持教育与公共卫生事业，因此欧洲委员会还会重点关注学校与医院的翻新工作。

《欧洲绿色新政》对于建筑方面的要求及讨论结果总结来说：呼吁到 2020 年在建筑行业掀起"创新浪潮"，以增加能源资源这种更有效的方式来建造和翻新建筑。欧盟计划实行差别化的能源价格，并提高建筑数字化管理水平和实施更广泛的建筑防护措施，以符合循环经济的要求。同时，欧洲委员会还将推出一个开放平台，整合建筑管理部门、地方政府、建筑师和工程师，以促进金融创新和建筑节能。为了获得规模经济效益，欧盟将集中整修大型街区。此外，欧盟将遵循"不让任何人掉队"的原则，向 5000 万名消费者提供取暖费资助，并专注于改造社会福利性住房、学校和医院，以帮助那些难以支付能源账单的家庭，确保社会公平。

（二）美国《美国清洁能源安全法》

为了促进美国的经济复苏和应对气候变化的挑战，2009 年 6 月美国众议院通过了《2009 年美国清洁能源安全法》。该法案的内容包括发展清洁能源、提高能源效率、减少全球变暖污染、推动向清洁能源经济转型四个方面。其中，在能源效率方面，在第 272 条中提出了美国能源效率的目标，即要求美国在 2012 年前整个能源产品的能效至少每年提高 2.5%，并且要保持每年能源效率提高的势头直到 2030 年。

该项法律内对建筑节能做出了要求：首先，制定"绿色建筑标准"（Green Building Standards），要求建筑设计要考虑可持续发展原则，以减少对资源的使用，提高能效和可再生资源的利用，减少对环境的影响，并改善室内空气质量。其次，成立"绿色银行中心"（Green Banking Centers），为消费者提供资金支持以提高能源使用效率。最后，建立"绿色担保制度"（Green Guarantee），保证绿色建筑的主要抵押贷款的偿付。ACES 法案还设立了新建住宅和商业建筑的节能改进目标，并制定了国家建筑能效规范，要求新建住宅和商业建筑的节能提高到 30%~50%。一些基金的授予也取决于地方规范与国家规范相符的程度。此外，该法还指出，到 2014 年新建的民用建筑的能效要求将提高 50%，2015 年新建的商用建筑的能效要求将提高 50%，为旧建筑提供能效改进补贴，并制定能效标示方案和制定照明和其他电器的能效标准。地方法院还有权制止违反本法规定的能效标准的行为，本法颁布一年内应制定实施"最节能电器退管方案"。

表 2-4 发达国家建筑节能改造与运营对比表

国家/区域	建筑节能规划设计
欧盟	确定对整栋建筑物和改造系统或需要在一定期限内改造的最低能耗标准；考虑热泵、热电联产、区域供热或制冷、分散式可再生能源供应系统等备选系统方案并进行技术、环境和经济可行性分析研究确保新建建筑达到最低能效标准 建立可再生供暖和制冷指标；按照能耗高低将建筑分类分级管理；落实与建筑物能效相关的法律；建立一个开放平台，联合建筑行业、建筑工程师以及地方政府，解决建筑翻新面临的障碍；将能耗评级融入建筑规例中；增加环保资源的利用，最大限度利用脱碳能源
美国	制定高标准的新建住宅和商业建筑的节能改进目标，并设立国家建筑能效规范将新建住宅和商业建筑的节能提高到 30%~50%；制定激励措施，鼓励对现有住宅和商业建筑进行节能改造；设立退费项目，以更换老式工厂制住宅为主要内容；并实施建筑能效标识项目

根据上述各发达国家在建筑节能的改造和运营论述，值得中国发展低碳建筑借鉴的有：①将能耗评级融入建筑规例中，大力推广建筑节能技术和能耗分类管理，将建筑物碳排放纳入碳排放交易体系，制定差别化的能源价格，实施更广泛的建筑防护措施等。②制定激励措施，鼓励现有住宅和商业建筑进行节能改造并实现高能效标准的翻新，重点关注公共建筑如学校、医院等的翻新工作。③在推进建筑节能的过程中，应注重节约和集约用能，避免为了追求完美的服务而导致建筑能耗大幅增加。④定期对建筑耗能装置进行耗电量、耗冷量和耗热量等数据

分析，及时更换故障和老旧耗能设备。

三、绿色建造技术应用

发达国家发展的绿色建造技术主要从三个方面进行节能减排：降低建筑能耗、提高能源效率和使用新型可再生能源。这将对未来能源消费产生深远影响。

（一）欧盟绿色建造技术应用

欧盟委员会发布了《欧洲可持续投资计划》，将调动至少 1 万亿欧元资金支持《欧洲绿色协议》。欧盟将通过多项科学计划，如"创新基金"和"地平线计划"，支持低碳科技研发与示范，旨在到 2050 年实现碳中和目标。为此，高能效建筑的关键技术需要得到重视，包括可再生能源社区的可扩展性设计、从设计到施工的工作流程监控、适应当地环境和气候的高能效建筑设计、波动性可再生能源发电与服务性基础设施技术组合、可再生能源供暖和制冷解决方案、基于数字技术的建筑物与设备安全节能智慧运行系统，以及建筑物和高压交流电技术标准的研究与发布。此外，欧洲投资银行将开发一种面向建筑高效节能运行的金融工具，通过欧盟赠款作为担保，吸引 100 亿欧元融资，提高建筑物的能源效率，使 320 万家庭摆脱能源贫困。

（二）德国绿色建造技术应用

建筑能耗占德国能耗总量的 40% 左右，自 1977 年德国第一部建筑节能法规出台以来，经过 6 个节能阶段的逐步修改，直至 2012 年最新修订的建筑节能条例（EnEV）。在这一过程中，德国实现了建筑采暖能耗的显著下降，从最初的 220 千瓦时/平方米降至 2014 年的 30 千瓦时/平方米，取得了重要进展。在过去 20 年里，通过一系列绿色建造技术，包括建筑物围护结构保温隔热系统、节能窗户、新风换气系统、建筑遮阳系统和供热空调技术等，德国新建建筑单位居住面积的采暖能耗降低了 40% 左右。

德国曾是核能大国，但在 2011 年提出了新的节能目标，计划自 2019 年起政府办公建筑建成近零能耗房屋，自 2021 年起所有新建房屋都建成近零能耗房屋，到 2050 年实现所有房屋节约 80% 的一次能源。德国将发展被动式房屋和产能房屋实现这一目标,这两种房屋的发展可为德国节省近40%的社会终端能耗。德国的低能耗建筑包括 RAL 认证体系下的低能耗建筑、被动房、3升房、高能效建筑——德国复兴信贷银行节能房屋70和节能房屋55。RAL-GZ965 标准认证了低能耗建筑的传热损失要比现行的 EnEV2009 低30%,对保温性、气密性和通风系统等指标也进行了更严格的规定。认证体系对低能耗建筑的认证分为规划设计认证和运营阶段认证。为了支持这些低能耗建筑的建造和运营,德国积极发展新型金融工具,例如德国复兴信贷银行节能房屋,这种工具可在建筑领域吸引更多的投资。被动房的造价比按照德国 EnEV2009 建造的常规节能建筑,单位面积增量成本约高150欧元(Wuppertal 气候环境与能源研究所),其中窗户和通风系统增量成本占比较大,其次是保温隔热系统。

德国复兴信贷银行提供低息贷款支持新建、购买或改造的低能耗建筑,这些建筑的能效指标由德国能源署确定,根据 EnEV 规定的一次能源需求 Qp 和传输热损失 H'T 参考数值进行评估。既有建筑改造的资助标准有 Kfw85 和 Kfw70,分别比 EnEV2009 提高15%和30%的能效。每套住宅最多可获得5万欧元的贷款。判断建筑是否符合节能房屋70的标准必须满足两个条件:一是一次能耗不得超过2009年版《节能条例》中规定的参考建筑计算值70%;二是围护结构传热损失不超过2009年版《节能条例》中规定的参考计算值85%。新建建筑的资助标准有 Kfw55 和 Kfw40,分别比 EnEV2009 提高45%和60%的能效,接近被动房的能效水平。

(三)日本绿色建造技术应用

日本自20世纪40年代采用装配式技术以来,通过超过半个世纪的积累,已经成为全球装配式技术最为领先的国家之一。作为推进住宅建设五年计划的具体思路,建设省于1966年底发表了《住宅建设工业化的基本构想》,该《构想》为装配式住宅制订五年计划,要求工厂生产住宅的普及率在"一五计划"结束的1970年达到15%。1969年,为了进一步促进整个住宅产业的工业化,建设省发表《住宅生产工业化的长期构想》。次年,建筑审议会和住宅宅地审议会以该文为基础,提出到1975年将装配式的普及率提高到30%。这个目标受到民间资金住宅的拖累，并未完全实现，但由政府主导建设的公营、公团住宅中，装配式的占比提升到 25% 以上（公库融资住宅还是由个人主导建设，因此表现出与民间资金住宅类似的趋势）。

标准化增进行业规范和产品通用性，只要是厂商按照标准生产出来的针对指定方面的构件或部品，在现场装配时都可以不同品牌混用。通产省工业技术院于 1969 年制定《推动住宅产业标准化五年计划》，开启对住宅产品在结构、材料、性能、安全性等方面的调查研究和系统设计，并对标准化参数提出建议。

日本政府于 1970 年、1972 年和 1973 年分别颁布《优良工厂认定制度》《工业化住宅性能认定制度》和《优良住宅部品认定制度》。以《工业化住宅性能认定制度》为例，该制度通过将住宅性能划分为不同维度（结构稳定性、抗劣化、日照采光等）并逐个评分，为不同住宅间的性能对比提供量化参考。截至 2000 年，日本的住宅性能评价制度进一步覆盖到市场上的所有住宅。整体而言，装配式住宅参与性能评定的占比更大，表明其质量相比一般住宅过硬。2018 年日本采用装配式建设的住宅中，被评级为"长期优良住宅"的比例在 25% 以上；与之对比，在全部新建住宅中只有 11% 获得了该项评级。

表 2-5　发达国家绿色建造技术应用对比

国家/区域	绿色建造技术应用
欧盟	①可再生能源社区的设计考虑其可扩展性 ②工作流程监控覆盖从设计到施工的全过程 ③高能效建筑设计考虑当地环境和气候的适应性 ④在波动性可再生能源发电的基础上，考虑服务性基础设施技术组合的问题 ⑤可再生能源供暖和制冷解决方案被纳入设计考虑 ⑥基于数字技术的节能智慧运行系统可用于建筑物和设备的安全管理 ⑦研究与发布建筑物和高压交流电技术标准
德国	①发展建筑物围护结构保温隔热系统、节能窗户、新风换气系统、建筑遮阳系统和供热空调技术等 ②德国实现节能目标的基础是被动式房屋，可为德国节省近 40% 的社会终端能耗。此外，德国还在研究产能房屋（Energy Plus） ③德国复兴信贷银行提供低息贷款用于新建、购买或改造低能耗建筑，这些建筑的能效指标由德国能源署确定

续表

国家/区域	绿色建造技术应用
日本	①《住宅建设工业化的基本构想》，该《构想》为装配式住宅订立五年计划标准化增进行业规范和产品通用性，只要是厂商按照标准生产出来的针对指定方面的构件或部品，在现场装配时都可以不同品牌混用 ②住宅性能划分为不同维度（结构稳定性、抗劣化、日照采光等）并逐个评分，为不同住宅间的性能对比提供量化参考

通过梳理发达国家应用的绿色建造相关技术和政策发现资金支持是必要的，如欧洲投资银行开发面向建筑高效节能运行的金融工具、银行贷款和融资以支持绿色建造技术的发展。德国为新建、购买或改造的低能耗建筑提供低息贷款。另外，设定先进绿色建造技术目标，制定顶层发展规划是技术得以广泛应用的关键。如日本 1966 年底发表了《住宅建设工业化的基本构想》，该《构想》为装配式住宅制定了五年规划。技术的标准化增进行业规范和产品通用性，是技术推广的必要手段。此外，绿色建筑认定也为绿色建造技术应用提供了性能对比量化参考和奖励标准。

四、建筑节能的评价监督与激励

（一）日本——建筑环境性能综合评估系统（CASBEE）

CASBEE 旨在评估建筑环境与质量（Q）以及减少建筑环境负荷（L）的环境效率。其中，L 类指标包括自然能源利用、建筑热负荷和材料循环利用等，这些指标均是低碳发展的要求。CASBEE 是一个强制与自愿相结合的评价标准，部分城市面积达到 2000 平方米以上的建筑物必须进行 CASBEE 认证。2012 年，JSBC 发布了 LCCM 住宅认证，该认证从全生命周期的角度评估建筑二氧化碳排放总量，其评价重点不仅在于建筑物运营阶段的节能，还需考虑建材生产、建筑建造和建筑拆除。2014 年，日本开始实施了低碳建筑物认证制度，认证对象为城市化区域新建的建筑物，并配套制定了低碳建筑认定标准，从围护结构热工性能、一次能源消耗量和低碳措施三个方面，以定性和定量相结合的方式对建筑物的低碳性能进行了规定。

（二）德国可持续建筑评价标准（DGNB）

DGNB 评价体系是德国政府大力支持下发展出的可持续建筑评价标准，属于第二代绿色建筑评估体系。相比于 LEED 和 BREEAM 等国际标准，DGNB 强调从可持续性的三个基本维度（生态、经济和社会）出发，克服了第一代标准主要强调生态等技术因素的局限性。该体系发展适合用户服务导向的指标体系，旨在减少对环境和资源的压力，同时创造更好的人居环境。DGNB 标准不仅体现了欧洲高质量设计标准，还致力于构建适合世界上不同地区特征的认证模式，以促进标准的推广和国际化进程。

DGNB 认证标准注重全生命周期的可持续性，即从建材原料的开采、建材和构件生产、施工、运营、维修保养，到拆除回收再利用的全过程。具体项目根据实际情况，采用全生命周期评估（LCA）和全生命周期成本计算进行量化评估，每个评估指数都有专门的认证条款。DGNB 认证要求严格的全生命周期评估，与其他国际绿色建筑标准有很大不同，强调科学严谨，体现了 "可持续建筑" 与 "绿色建筑" 的不同概念。

（三）美国的 LEED 评价体系

LEED 评价体系是由美国绿色建筑委员会制定的，其主要目的是在建筑设计中减少对所处地区周边环境和居民的负面影响。在众多国家的绿色建筑评价标准中，LEED 被认为是完整度最高、影响力最大的评价标准之一。LEED 针对不同类型、功能的建筑制定了多个相应的评价标准，为评估方提供了更多的参考标准，同时能充分展现建筑设计的独特性。LEED 注重市场化和市场激励机制，充分体现民主权利，公众可以参与 LEED 各个制定环节并拥有决议权，以实现多方利益的协调和合作共赢。该体系最根本的目的是顺应大多数人的意见，强调公众的参与。LEED 自首个版本推出至今已经 21 年，但每隔 2~3 年都会进行重新制定和修改，持续不断地进行改进和积累，这也是 LEED 取得成功的基础。

通过上述发达国家绿色节能评价监督与激励的叙述，我们发现全生命周期的评估方式是目前发达国家建筑评价体系中应用较为广泛的。此外，低碳建筑物认证制度、配套制定低碳建筑认定标准、以定性和定量相结合的方式规定建筑物的

表2-6 发达国家绿色建造技术应用对比

国家/区域	建筑节能的评价监督与激励
日本	①JSBC 最近推出了 LCCM 住宅认证，该认证从全生命周期的角度来评估建筑物的二氧化碳排放总量。这个认证系统的目的是推动建筑业转型，实现绿色低碳发展 ②低碳建筑物认证制度的实施将会推动建筑业向低碳方向转型，减少对环境的污染和负面影响。这个认证制度不仅有助于建筑业的可持续发展，也可以提高人们对于低碳生活方式的认识和意识
德国	①在可持续性的三个基本维度（生态、经济和社会）方面强调了发展适合用户服务导向的指标体系，同时减少对环境和资源造成的压力 ②DGNB 认证标准的核心在于从全生命周期的角度体现可持续性，覆盖了建材原料的开采、建筑构件生产、施工、运营、维修保养和拆除回收等全过程
美国	①LEED 针对不同类型和功能的建筑设计制定了多个相应的评价标准，以提供更多的参考标准，同时突出建筑设计的独特性 ②LEED 注重市场化和市场激励机制，公众不仅参与 LEED 各个制定环节，而且拥有决策权，充分体现民主权利，该体系的根本目的是协调多方利益，以实现合作共赢。LEED 持续改进和积累经验，21 年来已经发布了多个版本，并且每隔 2~3 年就会进行更新和修订

低碳性能较为科学全面。绿色建筑的发展不能完全依靠政府的调控，必须注重市场化和市场激励机制，建立以政府为主导，市场需求为内在驱动力的绿色建筑体系激励机制。

第二节　技术应用

一、关键技术

《中华人民共和国建筑法》规定了建筑活动的具体范围，包括勘察、设计、施工、安装、装饰装修、维护维修、拆除、建筑构配件生产与供应、项目管理、工程监理、招标代理、工程造价咨询、工程技术咨询、检验检测等活动。这个定义将建筑业分为上游、中游和下游三个环节，其中，上游包括勘察、设计、项目管理、工程监理、招标代理、工程咨询和原材料供应等，中游包括施工，下游包括检验检测、维护维修和运营。由此我们将国外相关技术依据上、中、下游进行分类，其中，上游包括被动房技术、楼板改造技术、太阳能光伏建筑一体化技术、碳捕捉和利用技术、碳捕捉和存储技术；中游包括外墙节能技术、门窗节能技术、屋顶节能技术、采暖、制冷和照明技术、新能源的开发技术、热桥阻断构造技术；下游包括房屋呼吸系统、热泵技术、全生命周期碳管理技术。如表2-7所示。

表2-7 国外建筑业双碳技术及应用

类别	技术名称	技术简介	技术应用
上游	被动房技术	被动节能技术是指在保证室内环境舒适度的前提下，通过对建筑的布局、朝向、形态、遮阳、保温、气密性、自然通风等方面进行优化设计，以减少建筑的总体能耗	挪威被动房技术采用的是三层玻璃、双Low-E、充氩气超级间隔条的中空玻璃、保温型材窗，传热系数为0.7~0.8；外墙采用350~400毫米的保温材料，传热系数为0.10~0.12；屋顶采用500毫米的保温层，传热系数为0.08；门窗的传热系数为1，热桥为0.015瓦/平方米；此外还使用太阳能热水器。该技术的实施成本比普通建筑高5%~6%。其总能耗为91千瓦时/平方米，包括照明、热水、设备、泵和风扇等，其中太阳能提供17千瓦时/平方米，其余74千瓦时/平方米电力来自水电。使用该技术可以实现零能耗。在德国，被动房指仅利用高效保温隔热、太阳能、建筑内部的热等被动技术和带有余热回收的新风装置，而不使用主动采暖设备、实现建筑全年达到ISO7730规范要求的室内舒适温度范围的建筑
	楼板改造技术	楼板改造技术包括以下措施：①墙壁加厚至200毫米，采用EPS保温材料，使传热系数降低至0.172②屋顶加厚至260毫米，采用EPS保温材料，使传热系数降低至0.176③扩大窗户面积，采用传热系数为1.35的材料④安装动态外遮阳系统⑤安装地源热泵系统	斯洛文尼亚的技术实施效果使得Um=0.047瓦/平方米；一次能源消耗为80千瓦时/平方米
	太阳能光伏建筑一体化技术	太阳能光伏建筑一体化技术其本质就是将太阳能光伏发电组件集成或结合到建筑上的技术，不仅具有外围护结构的功能，而且还可以产生电能供建筑使用	在韩国三星的建筑项目中，安装了163平方米的光伏板。这些光伏板每年可以产生22.41兆瓦时的电能，足以满足建筑项目一年的能源消耗。此外，太阳能热水系统也被安装在该建筑项目中，它通过收集太阳能来加热水，并向淋浴间提供热水，以利用可再生能源。太阳能集热器被安装在开敞的屋顶上

类别	技术名称	技术简介	技术应用
上游	碳捕捉和利用技术	韩国化学研究院开发了将二氧化碳转化为甲醇的技术,利用该技术可以将碳转化为建筑材料,碳正在变成新的材料。所谓的碳是含有92%的碳纤维,虽然比铁轻,但是具有更结实的特性。再加上具有很高的耐腐蚀性、导电性、耐热性。因这些特性可应用于汽车、建筑、飞机、家电科技等多个领域	日本自20世纪70年代开始挑战碳纤维开发,占据了全球市场的60%以上。KIST(韩国科学技术研究院)利用植物衍生材料开发了碳纤维强化塑料(CFRP),其不易燃烧且无毒,因此作为建筑材料非常实用
中游	外墙节能技术	墙体的复合技术有内附保温层、外附保温层和夹心保温层三种	我国采用夹心保温的方法较为普遍,而在欧洲各国,大多采用外附发泡聚苯板的方法。在德国,有80%的建筑采用外保温技术,其中70%的建筑使用泡沫聚苯板
	门窗节能技术	中空玻璃、镀膜玻璃(包括反射玻璃、吸热玻璃)、高强度LOW2E防火玻璃(高强度低辐射镀膜防火玻璃)、采用磁控真空溅射方法镀制含金属银层的玻璃以及最特别的智能玻璃	
	采暖、制冷和照明技术	这项技术主要用于降低建筑的能耗,比如采用地(水)源热泵系统、置换式新风系统以及地面辐射采暖等方式	塞浦路斯的新建住宅采用了多种技术,包括倒置屋面、600毫米空气层和防爆晒风机等,内凹式南向窗可提高采光和节能效果,同时还使用了太阳能热水和植物遮阳技术,同时实现了高低温彻底换气。意大利北部地区的住宅技术采用了多项节能措施:南向窗占窗墙比59%,而北、东、西基本没有窗,使用三层充氮气中空玻璃降低传热系数,采用木结构保温外墙降低传热系数;同时采暖和热水使用木屑作为能源,电力来源于水力发电厂。该技术实施效果为:采暖和热水能耗为37.42千瓦时/平方米,总能耗为51.49千瓦时/平方米,一次能耗为79.62千瓦时/平方米,达到了采暖能耗25~60千瓦时/平方米的标准并实现碳零排放
	新能源的开发技术	太阳能热水器、光电屋面板、光电外墙板、光电遮阳板、光电窗间墙、光电天窗以及光电玻璃幕墙	
	热桥阻断构造技术	热桥是热量传递的捷径,不仅会造成相当的能量损失,还可能导致局部结露。特别是在建筑外墙、外窗等系统的保温隔热性能大幅度改善后,问题更加突出。因此,在设计施工时,应对窗洞、阳台板、突出圈梁及构造柱等位置采用一定的保温方式,以阻断热桥,实现较好的保温节能效果,同时提高舒适度	热桥阻断技术已在国外得到广泛应用和不少优秀技术,如针对阳台楼板冷桥构造的解决方案,在德国已有成熟产品如"钢筋/绝缘保温材埋件",施工方便且效果显著。国内也有开发类似产品的能力,市场反应也会很好

续表

类别	技术名称	技术简介	技术应用
下游	房屋呼吸系统	该设备通过对高空新鲜空气的采集和处理，经过滤、除尘、灭菌、加热/降温、加湿/除湿等多种方式，将温度低于室温两度的新风以每秒0.3米的低速从房间底部送出，形成新风潮并层层叠加上升，从而达到除湿、调节室内空气湿度的作用 此外，它还能有效驱除室内装饰材料释放出来的有害气体，不仅不用开窗即可获得新鲜空气，而且还能减少室内热损失，节省能源	目前欧洲使用的住宅动力通风系统主要分为两种：一种是利用门窗和厨卫排风扇的通风系统，这种通风系统成本低廉，安装简单，但存在噪声干扰和通风效果不佳的问题。另一种是采用外墙进风设备、卫生间出风口和屋顶排风扇的通风系统 这种通风系统在过滤空气、降低噪声的同时，能够科学合理地保证室内通风量，排出卫生间潮湿污浊空气，同时噪声干扰较小
	热泵技术	热泵是一种充分利用低品位热能的高效节能装置。热量可以自发地从高温物体传递到低温物体中去，但不能自发地沿相反方向进行。热泵的工作原理就是以逆循环方式迫使热量从低温物体流向高温物体的机械装置，它仅消耗少量的逆循环净功，就可以得到较大的供热量，可以有效地把难以应用的低品位热能利用起来达到节能目的	碳中和目标下热泵在建筑领域的任务有：全面电气化，消除目前建筑内直接燃烧导致的6亿吨CO_2/天的排放。居住、办公、商场建筑：炊事电气化和生活热水电气化；医院等建筑：电动蒸汽发生器替代燃气蒸汽锅炉；宾馆饭店：电动热泵制备蒸汽或热水，替代燃气燃煤锅炉；建筑冬季采暖：集中供热导致5亿吨CO_2/天的排放；除炊事、70%~75%的集中供热热源外，其余都需要由热泵提供 作为区域供暖领域的创新领跑者，丹麦新型热泵利用电网和海水，使供暖比以往更环保。在欧盟地区，供暖和制冷的能耗占总能源消耗的一半。欧盟的数据显示，化石燃料仍然占主要份额，供暖和供冷的能量来源只有约18%来自可再生能源。而丹麦的情况则有所不同 丹麦拥有长达6万千米的区域供热管网，其中约60%的热量都来自绿色能源。丹麦供热发展蓝图在最近的报告中指出，供热和制冷行业的碳排放量最多可减少86%。减少了供热与制冷行业的碳排放量，对于建筑行业的碳减排贡献卓越
全过程	全生命周期碳管理技术	建筑全生命周期碳排放这一概念是指建筑物在与其相关的建材生产和运输、建筑施工、建筑运行、建筑拆除、废料回收和处理五个阶段产生的温室气体排放的总和	建筑全生命周期碳排放有： ①建材生产运输阶段碳排放：钢筋、混凝土、玻璃等主要建材生产中碳排放及从生产地到施工现场运输中产生碳排放，即隐含碳排放 ②建筑施工建造阶段碳排放：完成各部分工程产生的碳排放和各项措施实施中产生的碳排放 ③建筑运行阶段碳排放：暖通空调、生活热水、照明及电梯、燃气等能源消耗产生的碳排放 ④建造拆除碳排放：人工拆除使用小型机具机械拆除使用机械设备消耗各种能源动力产生的碳排放 ⑤建筑拆除后废料回收处理阶段碳排放：废料回收运输产生的碳排放和废料填埋、焚烧产生的碳排放

二、关键技术应用的典型案例

国内建筑业"双碳"技术应用的典型案例见表2-8。

表2-8 国内建筑业"双碳"技术应用的典型案例

技术类别	案例名称	案例介绍	案例创新点
节能改造建筑技术、住宅节能改造建筑技术	普拉兹摩老人疗养院	巴瑞港普拉兹摩老人疗养院的38套一居室和两居室公寓由威尔士住房委员会、卡马森郡委员会和威尔士议会开发。以下可持续设计策略应用于建筑:使用节能照明;用于区域供热的生物燃料;200平方米太阳能光伏板发电;430平方米太阳能热水器,供家庭使用热水;太阳能集热器为热水和光伏板发电提供热能。一种结合电能和生物质燃烧加热的加热系统和能源管理系统	该建筑的特点是"绿色"技术很好地融入了建筑设计,而不是建筑的附加。整体的设计方法使得养老院的建设和运营成本不高,甚至普通大众都能负担得起,使生态建筑不再是奢华的代名词。与同类建筑相比,该建筑每平方米720英镑的成本相对较低
	EMPAEawag低碳办公楼	EMPA是一栋五层的办公大楼,中间有一个两层高的中庭和一个开放的楼梯,鼓励人们尽可能多地使用楼梯,少使用电梯。该建筑既没有传统的供暖系统,也没有传统的制冷系统。中庭作为一个缓冲区,提供自然通风,同时为建筑带来充足的自然光线。在夏天的夜晚,当室外降温时,建筑物外的窗户会自动打开,冷空气会被泵入室内。空气交换后,空气温度会上升,由于浮力作用,热空气会从中庭的天窗排出。这是建筑的夜间冷却策略。裸露的钢筋混凝土框架用于储存热量和寒冷,而赤陶土和石膏墙用于调节湿度。屋顶种植了绿色植物,雨水被收集到花园的景观池中,调节小气候,灌溉植物,用水冲洗厕所	在夏季,地下管道系统利用恒定的地下温度来预冷却室内的新鲜空气。在冬季,该系统用于对房间的新风供应进行预热。垂直漫射玻璃遮阳板,夏季可成一定角度遮挡阳光,冬季可利用太阳能引入阳光。建筑的外部围护结构隔热良好,窗户的U值为0.5瓦/米·度,墙壁和屋顶的U值为0.12瓦/米·度。在大多数情况下,办公楼内人体、办公设备、照明和太阳辐射产生的热量足以创造一个舒适的热环境。三分之一的屋顶用太阳能电池板排列,为建筑发电。由于节能设备往往具有较低的热量输出,节能照明灯具和设备不仅有效地减少了电力负荷,还减少了冷负荷
	东京松下低碳馆	采用通风生活方式,结合自然换气和机械换气,通过设置"呼吸通道S塔"在夏季吸取地板下的凉爽空气,在冬季吸取温暖空气,实现了有效的节能换气。享受光的生活方式,通过起居室光线控制器将多种光源调节为最合适的亮度,将太阳光采纳到天花板和墙壁上,使室内明亮舒适,节约用电。采用亲水的生活方式,设计洗衣槽是倾斜式,大幅度减少洗衣用水量,并使用热泵技术快速烘干衣物,实现了洗烘一体化,减少了用水和电费的消耗。使用不易磨损且手感良好的有机玻璃材料技术,能够长期保持清洁,减少清扫次数,节约用水。采用Panasonic所开发的真空绝热材料U-Vacua,进一步提高了绝热性能,节能效果显著,避免了热量浪费。这些都是环保设计的新技术,既追求舒适愉悦,又注重环境保护	有了这种节能技术,就有可能捕获自然界中分散的热量,并将其有效利用。这项技术被应用于冰箱、空调、洗衣机、烘干机和热水器。它可以减少电力消耗,减少电费和煤气费。这是一种将太阳光能转化为电能的发电方法,不使用石油等化石燃料,因此不会产生二氧化碳

续表

技术类别	案例名称	案例介绍	案例创新点
节能改造建筑技术、住宅节能改造建筑技术	德国巴斯夫"3升房"	为了寻求既节能又环保的新建筑技术解决方案，通过现代低碳技术，将一座70年的老建筑改造成了德国第一座"3升房屋"	该建筑采用具有内墙"空调系统"功能的相变储能保温砂浆技术，并设置以燃料电池包为电站的循环热通风系统，加强围护结构的保温性能。每年每平方米采暖耗油量不超过3升（相当于4.5公斤煤左右），耗油量由20L减少到3L。上述技术的应用，使每年采暖费用从改造前的9000多马克降低到1300多马克，二氧化碳排放量减少了80%，大大提高了德式建筑的经济和环境价值
	美国波特兰建筑物	波特兰是俄勒冈州最大城市，也是被美国联邦环保署评为"清洁能源之都"的城市。1993年，波特兰开始实施全球变暖战略计划，成为全美第一个这样做的地区。建筑物排放量在总排放量中占比超过40%（2005年）。政府采用提高节能效率和使用本地可再生能源的方式，为居民和企业提供低息融资等激励方式，以确保建筑物碳排放量降低和适应气候变化。2009年，波特兰推出了清洁能源计划，市民可以获得低息贷款、节约能源、创造就业机会和增进社会平等的计划来提高建筑能源效率	波特兰市低碳建设行动的主要特点是：严格的土地规划制度和坚持保护自然环境的优良传统，以及多个低碳治理主体共同实施的全方位系统化（经济、自然、社会）的综合治理模式
	丹麦哥本哈根	哥本哈根是丹麦低碳发展的典范。由于其自行车文化和减少二氧化碳排放的努力，哥本哈根经常上榜世界上最健康的城市。2012年，哥本哈根设定了碳中和的目标；提出到2025年建成世界首个零排放碳中和城市。哥本哈根最大的能源消耗来自建筑。因此，哥本哈根在减少建筑能耗方面做了大量工作。20世纪70年代中后期，丹麦先后颁布了《电力供应法》和《供暖法》。在20世纪80年代，美国通过了《可再生能源利用法》和《住房节能法》。2000年，它发起了《节能法案》。这些法案规定的减排目标和措施在哥本哈根得到了很好的落实	哥本哈根积极推广节能建筑，除了有严格的建筑建材标准外，还采取了多种措施。改善建筑物的外维护结构、门窗保温和安装可调式温控阀等被动节能方法，地下水、自然通风和海水给建筑降温、增加建筑透光性等措施也得到了采用。此外，哥本哈根还采取主动节能措施，如发展建筑节能技术和采用可再生能源技术进行集中供热等。哥本哈根建筑业还利用计算机信息技术，通过数字化系统设计等方式提高效率。这些措施大大降低了建筑能耗，使家庭用户建筑能耗水平比20世纪80年代下降了30%以上

续表

技术类别	案例名称	案例介绍	案例创新点
节能改造建筑技术、住宅节能改造建筑技术	韩国"绿色明天"零能耗建筑	"绿色明天"是韩国一个可持续设计示范项目,它的零能耗建筑位于龙仁市,场地面积为2456平方米,由两个建筑组成:一个零能耗楼和一个公共关系楼。其中,零能耗楼的面积为423平方米,是一个以零能耗为目标的设计展示楼;公共关系楼则包括对外接待区和建筑管理人员的工作区,建筑面积为298平方米。该项目采用了"碳中和框架"的策略,将建筑连接到当地电网,并利用可再生能源抵消从电网中消耗的电能。多余的可再生能源会被储存在电池中留待将来使用。当产生的电能超过电池的储存能力时,多余的电能则用于抵消公共关系楼内的电力消耗,以实现在一年中零能耗和零碳排放的目标	为提高室内热舒适度和空气质量,该建筑采用了主动式节能策略。主动式系统设计保持稳定的温度、湿度和通风质量,以最少能源消耗实现设计室内环境质量。具体策略包括:采用辐射采暖/冷吊顶系统,而非全空气系统,节能效果明显;安装空气节能器并提供自然冷却;利用热回收器和焓轮回收余热,预热/预冷空气处理机中的新风;采用地源热泵利用地下土壤温度提供采暖/制冷。此外,通过安装节能设备降低电能需求,并安装光伏板和太阳能集热器利用可再生能源。可再生能源:光伏发电。光伏发电是通过采用太阳能电池板把太阳能直接转化成电能来利用能源的技术。该建筑项目安装了163平方米的光伏板,一年大约能够产生22.41兆瓦时的电能,足够建筑项目一年的能源消耗;太阳能光热。太阳能热水系统通过收集太阳能加热水,并为淋浴间提供热水来利用可再生能源。太阳能集热器被安装在开敞的屋顶上
新建住宅技术、北部地区住宅技术	卡迪夫大学威尔士建筑学院	由威尔士建筑学院为威尔士的Gwale住房委员会设计的概念住宅有三个主要因素作为可持续建筑设计的起点,即:实现几乎零碳排放。施工方法和材料使用改革。使用替代能源和可再生能源	该建筑使用可持续性建筑材料,包括"再利用"和"再循环使用"。为了减少现场施工,更多采用工厂预制和"现在制造方法"。设计的热损失仅为1千瓦,因此冬季采暖主要依靠被动式太阳能房和太阳能集热水器提供热水供热,室内人体和设备散热也有帮助。通风系统采用带有"热恢复"性能的通风设备,冬季利用排风和新风的温差来加热新风。主要的起居空间布置在南向,利用南向双层玻璃幕墙来加热新风供风,排风则从北向服务空间机械排出。屋顶布置太阳能光电板和太阳能集热器。需要注意的是,英国采暖期较长,冬季采暖需消耗大量能源,而夏季气候较凉爽,无须考虑空调系统,因此解决好被动供热问题可以节约传统能源,减少二氧化碳排放量

续表

技术类别	案例名称	案例介绍	案例创新点
新建住宅技术、北部地区住宅技术	英国贝丁顿——国外低碳住宅应用的典范	贝丁顿是世界上第一个零碳社区，也是英国最大的生态社区之一。自2002年建成以来，它受到了全世界的关注，是国际公认的低碳建筑的典范。英国是一个高纬度的岛国，冬季供暖期长而寒冷，约为6个月	为了有效降低建筑能耗，设计师探索了零采暖模式，即社区房屋全部朝南，每户安装一个玻璃阳光房。外墙、屋面和地板采用300毫米厚的保温材料施工，采用三层玻璃窗并充入氪气，采用木质窗框，达到有效减少传热。设计了自然通风系统，一排排热压的"通风罩"坐落在屋顶上，提供源源不断的新鲜空气。该装置采用被动通风，主要由风驱动，可根据风的方向变化，并且随机旋转，建筑内部通过自然风压获得新鲜空气，并将室内污浊的空气送到室外。此外，热交换器位于室内，可以从废气中回收近三分之二的热量，从而预热室外的冷新鲜空气
	西班牙Atika住宅	西班牙位于欧洲南部，属地中海气候，冬暖夏热，通风和空调设备是主要的能耗点。Atika住宅采用预制模块化结构系统建造。第一个样板Atika房屋是在西班牙毕尔巴鄂组装的，计划在未来用汽车运输到不同的国家。这种模块化预制节省了大约三分之一的施工时间，同时也确保了多次拆卸后更精确的结构系统	设计中采用了低碳节能技术，如通过外墙的厚度和密度进行隔热保温；白石灰板为最佳的阳光反射材料；使用悬垂的建筑元素或百叶窗来创造阴影；狭窄的街道和阳台确保阴影表面和空气流通；用流动的水来冷却。Atika House是欧洲最新的节能住宅，采用坡屋顶技术、低能耗策略、综合太阳能系统、智能建筑管理系统、模块化等低碳建筑技术。这是欧洲未来住房的一个样本
	美国CLT帕斯瓦豪斯	Generate工作室和建筑师兼开发商Place-tailor在波士顿建造一座碳中和CLT公寓楼，该公寓楼将使用模块化"套件"系统制造，旨在以净零碳水平运行。该工作室表示，该建筑将作为一个"碳汇"，在建筑的整个生命周期内，将碳储存在CLT蜂窝结构和外壳的木材中	如今城市规划越来越重视缓解气候变化，而木材作为一种天然可再生材料，是城市可持续设计的最佳选择之一。Carbon12的设计团队认为，木结构建筑不仅能够满足建筑标准，而且能够满足安全、美观和成本可控的要求，同时为居民提供更加健康的居住环境。因此，他们选择使用胶合木（GLT）制成的梁和柱，以及正交胶合木（CLT）制成的楼板，而这些木材均来自可持续管理和认证的林地。Carbon12所使用的CLT和胶合木构件共储存了132吨碳。设计团队希望在建造过程和使用中采用可持续发展的设计理念，减少碳排放并缓解气候变化。这也是设计师选择使用木材建造的主要原因，因为木结构建筑是一种绿色环保的建筑形式

续表

技术类别	案例名称	案例介绍	案例创新点
新建住宅技术、北部地区住宅技术	美国CLT帕斯瓦豪斯		一般建筑材料在加工生产过程中排放大量二氧化碳;而树木从种植的那一刻起就开始吸收碳,被砍伐后所加工成的林木产品将吸收的碳继续储存,从而减少温室气体的排放,缓解气候变化
被动房技术	巴格兰生态工厂	建筑采用了一系列可持续发展策略,使这个生态工厂成为第一个获得BREEAM卓越认证的建筑。该建筑赢得了2002年RIBA地区建筑设计奖,是将可持续设计巧妙地融入建筑设计的一个例子	该项目的建筑设计采用被动式设计原理,通过利用自然采光、自然通风和太阳能来解决能源和资源问题,以及提高视觉感受和室内热环境舒适度。建筑的外围护结构具有高气密性和高质高效性,这是建筑能高的前提。太阳能光电板不仅用于供电,还作为遮阳板,在夏季有效减少南向过度的热辐射。同时,优美的室内热环境舒适度和视觉环境,以及良好的工作环境,大大提高了员工的工作效率
	生态别墅	生态绿色别墅是一种新型住宅,其生态节能效果优于"零能耗"。这座新房子借鉴了自然环境的特点,将人工与自然相结合。绿色别墅包含了结构体系、材料、空间布局、景观丰富性和生活简洁性等多种设计特征。生态绿色别墅是综合运用多种绿色建筑技术和智能节能系统的一种新型住宅。该建筑被德国-德国移动节能办公室认证为被动式房屋,由韩国公司Sangdong Architects与科隆理工学院合作设计	以下是被动式节能设计的具体措施: ①使用水和冷却散热器,通过水的冷却效果控制室内温度和湿度,同时划分空间 ②使用风和冷却筒,将地面上的热空气送至通道,从而减少供暖和制冷需求 ③利用光和米光井,将阳光引入室内,减少对人工照明的需求 ④使用太阳能光伏板,通过建筑的朝向和立面角度充分利用日光 ⑤采用自然通风,利用自然的气流,减少机械通风的需求 ⑥使用PCM窗,通过棱镜反射夏季阳光,释放太阳辐射热,实现节能 ⑦使用冷却散热天花板,通过冷水的流动降低热能需求 ⑧采用外墙隔热系统,以降低外表面材料的热能消耗 ⑨使用集热板,提供家用生活热水 ⑩建立绿色屋顶与绿墙,将墙壁与屋顶种植绿草,起到隔热的作用 ⑪收集雨水用于灌溉、卫生间冲水等用途,实现水资源的再利用

续表

技术类别	案例名称	案例介绍	案例创新点
被动房技术	美国佐治亚工学院碳中和能源解决方案（C-NES）实验室	零碳建筑案例是乔治亚理工学院的碳中和能源解决方案（C-NES）实验室。乔治亚理工学院的碳中和能源解决方案（C-NES）大楼通过优化被动式能源技术、减少能源需求和最大限度地利用可再生能源，为类似建筑的可持续设计树立了新的标准：一个原型生活和学习实验室，为未来的净零尝试提供了经验教训。净零能耗有悖于历史事实，即实验室的能耗是典型办公楼的10倍，一个6英尺高的通风柜每年消耗的能耗相当于一个2500平方英尺的家庭	该建筑的设计有以下特点：①建筑朝向沿东西轴线拉长，形成长的南北立面和短的东西立面，以优化被动式设计。南北立面能更好地控制来自北方和南方的阳光，遮挡以获得热量，收集以产生能量②根据设计，白天不需要使用人造光源。实验室不使用时可以关闭照明。多层照明控制允许在不照亮未被占用区域的情况下照亮单个工作空间③扩大的可接受温度范围和更大的空气流通和通风节省了加热和冷却的能源，同时保持了舒适性④创新的被动能源组件还包括能量回收、太阳能干燥剂补给以及辐射加热、置换通风和小型热密集型区域的局部排气等主动节能元件
碳捕捉和存储技术	芝加哥城市红杉	来自芝加哥的知名建筑公司SOM最近在COP26会议上展示了一个开发项目，称该项目不仅为许多企业提供办公空间，还有助于减少碳排放。该公司将他们的项目命名为"城市红杉"，它将使用碳储存机制。此外，城市红杉的一个显著特征是其层叠结构	专家们选择了一种不同寻常的塔楼设计，这种设计有助于从空气中捕获碳，并在大楼内配备的机器上进行处理。一旦项目全面开发并投入市场，预计每一栋高层建筑技术将吸收1000吨碳，相当于48500棵树的重量，这是其建成时碳排放量的4倍。城市红木将经过专门的微生物处理，以利用其营养和能量。该项目的专家声称，这座环保摩天大楼将能够保持其60年的功能，并为能源供应和其他生态工程建设（如管道、道路和其他城市化基础设施）生产生物材料
全生命周期碳管理技术	清水建设公司的全生命周期碳管理	清水建筑公司的碳管理是全生命周期的。技术研究院新建建筑项目为6层建筑面积9634米，在规划设计阶段就采用了地板通风、空调系统等先进技术，根据室内人员位置调节风量。节能指数基准值PAL（年负荷）和CEC（能源消耗系数）在1990年设定为比法定值低26%。一次能源消耗从2041兆焦/平方米下降到1164兆焦/平方米，减少877兆焦/平方米，减少43%	通过采用环境负荷小的材料和施工方法，可以减少垃圾搬运量，从而降低碳排放量。例如，某地的一座建筑物采用上述方法，成功减少了13.7%的碳排放量。此外，使用阶段也是降低碳排放的重要环节。办公楼的用电和热水费用约占全生命周期碳排放量的70%，因此清水建设公司非常注重使用阶段的碳管理，对700多个项目进行监测并建立评价标准，提供节能管理服务。例如某公司技术中心的建筑物，通过自主开发的热负荷预测控制系统"预测君"，将能源消费量降低了37%，取得了显著成效

发达国家为了快速发展低碳经济，根据自身的发展特点和政策目标，制定了各自适合的技术应用体系，这些技术应用体系的构建有相似之处，也有差异。这些技术应用体系包括节能改造建筑技术、住宅节能改造建筑技术、新建住宅技术、北部地区住宅技术、被动房技术、楼板改造技术、太阳能光伏建筑一体化技术、全生命周期碳管理技术等。然而，由于不同国家的气候环境、人文环境、建筑风格、经济水平、政策目标定位以及监管机制的不同，这些技术应用体系所涉及的技术措施也会有所差异。我国应该借鉴发达国家的技术应用体系框架，并在此基础上整理出适合我国长期发展和有利于推广的具体技术措施。我们要致力于绿色低碳技术攻关，集中资源攻克关键核心技术，加快先进适用技术的研发和推广应用，集中力量开展近零能耗建筑、近零碳排放、碳捕集利用与封存等技术研究和成果转化运用，打好关键核心技术攻坚战，不断提高创新链整体效能。

第三节　本章小结

国外建筑行业生态圈对于碳减排、碳中和等发布众多政策，其中包括建筑能耗有关政策，旨在通过对建筑物的整体能耗方面进行规定以降低碳排放总量；建造和翻新建筑有关政策，旨在对建筑的安装建造和翻新方面提高能效性能，最大限度地利用脱碳能源；节能方面有关政策，旨在要求各国建筑节能改造以合理的方法提高建筑的能源利用效率，最大限度地节约能耗，促进城市建筑绿色化；建筑物指标评判有关法律，旨在通过对建筑物及建筑环境的性能进行综合评估，从而定性定量地发展建筑物的低碳性能。上述政策从不同方面对建筑行业的减碳做出了规定，多维度地展示了建筑碳减排的政策规定。

通过示范，国外许多国家对于建筑零碳化技术（其中包括节能改造建筑技术、住宅节能改造建筑技术、新建住宅技术、北部地区住宅技术、被动房技术、楼板改造技术、太阳能光伏建筑一体化技术、碳捕捉和利用技术、碳捕捉和存储技术、热桥阻断构造技术、房屋呼吸系统技术、热泵技术、全生命周期碳管理技术等）以提高建筑围护结构为先，采用高效的机电设备和电器，采用微电网，实现零碳。为了降低建筑本体能耗，可以采用以下技术手段：增加保温层厚度、减少热桥、使用三层 Low-E 玻璃、使用活动外遮阳或植物遮阳。此外，可以利用可再生能源和生物质能源，例如地源热泵、太阳能热水器等，实现低碳排放或零碳排放。一些技术，如热泵技术、有热回收功能的通风系统、太阳能热水系统、燃木材的锅炉等也有较好的应用前景。建筑业对环境的影响很大，占据全球能源消耗的 40%、水消耗的 25%、占用土地资源的 12%、产生 30% 的固体废物，同时排放全球 33% 的温室气体。因此，建筑节能和减排越来越受到重视，低碳化成为减少建筑环境负担的重要途径。

对于上述提出的建筑减碳技术，不同国家也在一定程度上积极实践并建造出低碳或零碳建筑，其中包括但不限于，英国威尔士的以节能技术为主要设计技术的普拉兹摩老人疗养院；韩国龙仁市被动节能策略、主动节能策略的可持续设计示范项目的"绿色明天"的零能耗建筑。不同低碳减排建筑技术在实践方面均已取得较大成效。

第三章　国内建筑行业生态圈"双碳"政策及技术应用情况

　　建筑行业是我国国民经济的支柱产业之一，在推进我国城镇化发展、促进农民增收等方面发挥了重要作用。随着我国建筑行业内企业规模的不断扩大，建筑业总产值持续增长，在国民生产总值中的比重不断提高，为拉动国民经济快速增长作出了突出贡献。然而，随着我国城镇化水平的不断提高，建筑行业逐渐成为碳排放大户，对生态和气候造成一定威胁。2020年9月22日，习近平总书记在第七十五届联合国大会一般性辩论上指出：中国将提高国家自主贡献力度，采取更加有力的政策和措施，二氧化碳排放力争于2030年前达到峰值，努力争取2060年前实现碳中和。"双碳"目标的提出，在国内社会引发关注。2022年10月16日，习近平总书记在二十大报告中提出，积极稳妥推进碳达峰碳中和，立足我国能源资源禀赋，坚持先立后破，有计划分步骤实施碳达峰行动，深入推进能源革命，加强煤炭清洁高效利用，加快规划建设新型能源体系，统筹水电开发和生态保护，完善碳排放统计核算制度，健全碳排放权市场交易制度，提升生态系统碳汇能力，积极参与应对气候变化全球治理。近年来，国家及各省市单位纷纷出台相关政策对各行业的碳减排工作进行规划，大力推动建筑行业节能减碳技术的发展。随着国家各项政策措施的实施，加快形成国内国际双循环新发展格局，为建筑业带来了新的机遇与挑战。因此，本章通过梳理国内建筑行业的减碳政策和绿色建筑技术，把握我国建筑行业"双碳"政策现状，了解我国绿色低碳建筑技术的发展状况，为河北省建筑行业未来的发展方向和规划路径提供参考。

第一节 政策及应用情况

一、国家层面建筑行业政策内容情况

为了推进"双碳"工作的完成，2021年，中共中央、国务院及相关部门相继发布了有关文件，包括《中共中央、国务院关于完整准确全面贯彻新发展理念做好碳达峰碳中和工作的意见》（发布时间：9月22日）、《国务院关于印发2030年前碳达峰行动方案的通知》（发布时间：10月24日）；中共中央办公厅、国务院办公厅为推动城乡建设绿色发展发布了《关于推动城乡建设绿色发展的意见》（发布时间：10月21日）。上述文件针对建筑行业提出了相关要求，主要从建筑节能的规划和设计、节能改造与运营、绿色建造技术应用、建筑节能评价监督与激励等方面进行了总结（见表3-1），同样体现出国内建筑行业对绿色环保、低碳节能目标的追求，为各省、自治区、直辖市人民政府的工作提供了依据。

表3-1 国家层面建筑行业政策内容

国家文件政策	《国务院关于印发2030年前碳达峰行动方案的通知》	《中共中央、国务院关于完整准确全面贯彻新发展理念做好碳达峰碳中和工作的意见》	《关于推动城乡建设绿色发展的意见》
建筑节能的规划和设计	①"十四五"期间，产业结构和能源结构调整优化取得明显进展，重点行业能源利用效率大幅提升，绿色低碳技术研发和推广应用取得新进展 ②"十五五"期间，产业结构调整取得重大进展，重点领域低碳发展模式基本形成，重点耗能行业能源利用效率达到国际先进水平，绿色低碳技术取得关键突破的规划	①到2025年，绿色低碳循环发展经济体系初步形成，重点行业能源利用效率提升。到2030年，经济社会发展全面绿色转型取得显著成效，重点耗能行业能源利用效率达到国际先进水平，非化石能源消费比重达到80%以上，碳中和目标顺利实现 ②到2060年，绿色低碳循环发展的经济体系和清洁低碳安全高效的能源体系全面建立	①到2025年，城乡建设绿色发展体制机制和政策体系基本建立，建设方式绿色转型成效显著，碳减排扎实推进 ②到2035年，城乡建设全面实现绿色发展，碳减排水平快速提升

国家文件政策	《国务院关于印发2030年前碳达峰行动方案的通知》	《中共中央、国务院关于完整准确全面贯彻新发展理念做好碳达峰碳中和工作的意见》	《关于推动城乡建设绿色发展的意见》
建筑节能改造与运营	①各地区梯次有序开展碳达峰行动，科学合理确定有序达峰目标、因地制宜推进绿色低碳发展 ②推动建材行业、石化化工行业碳达峰、坚决遏制"两高"项目盲目发展 ③重点实施能源绿色低碳转型行动，推进煤炭消费替代和转型升级、大力发展新能源、因地制宜开发水电、加快建设新型电力系统	深度调整产业结构，推动产业结构优化升级，坚决遏制高耗能高排放项目盲目发展，大力发展绿色低碳产业	①实施建筑领域碳达峰、碳中和行动 ②规范绿色建筑设计、施工、运行、管理，鼓励建设绿色农房 ③推进既有建筑绿色化改造，鼓励城镇老旧小区改造、农村危房改造、抗震加固等同步实施 ④开展绿色建筑、节约型机关、绿色学校、绿色医院创建行动
绿色建造技术应用	①"十四五"时期，绿色低碳技术研发和推广应用取得新进展 ②实施城市节能降碳工程，开展建筑、交通、照明、供热等基础设施节能升级改造，推进先进绿色建筑技术示范应用 ③推广绿色建造方式，大力发展装配式建筑，推广钢结构住宅，强化绿色设计和绿色施工管理 ④加强适用于不同气候区、不同建筑类型的节能低碳技术研发和推广 ⑤推广光伏发电与建筑一体化应用	①加强绿色低碳重大科技攻关和推广应用，加快先进适用技术研发和推广 ②从推进城乡建设和管理模式低碳转型、大力发展节能低碳建筑、加快优化建筑用能结构等方面来提升城乡建设绿色低碳发展质量	①降低建筑运行能耗、水耗，大力推动可再生能源应用，鼓励智能光伏与绿色建筑融合创新发展 ②开展绿色建造示范工程创建行动，推广绿色化、工业化、信息化、集约化、产业化建造方式，加强技术创新和集成，利用新技术实现精细化设计 ③发展装配式建筑，重点推动钢结构装配式住宅建设，提升构件标准化水平，推动形成完整产业链，推动智能建造和建筑工业化协同发展 ④完善绿色建材产品认证制度，开展绿色建材应用示范工程建设，鼓励使用综合利用产品
建筑节能的评价监督与激励	建立统一规范的碳排放统计核算体系、健全法律法规标准、完善经济政策、建立健全市场化机制来提供政策保障，强化责任落实、严格监督考核	健全法律法规标准和统计监测体系（健全法律法规、完善标准计量体系、提升统计监测能力），切实加强组织领导、强化统筹协调、压实地方责任、严格监督考核	①建立乡村建设评价机制，探索县域乡村发展路径 ②制定城市体检评估标准，将绿色发展纳入评估指标体系 ③加强建筑材料循环利用，促进建筑垃圾减量化，严格施工扬尘、施工噪声管控 ④加大财政、金融支持力度，完善绿色金融体系，支持城乡建设绿色发展重大项目和重点任务

以上三项政策都围绕碳中和、碳达峰及绿色发展的内核展开，其中《2030年前碳达峰行动方案》及《中共中央、国务院关于完整准确全面贯彻新发展理念做好碳达峰碳中和工作的意见》都将碳达峰、碳中和纳入经济社会发展全局，提出推进城乡建设绿色低碳发展和转型、优化建筑用能结构等，指明了建筑行业的发展方向；《关于推动城乡建设绿色发展的意见》则进一步围绕城乡建设提出了具体的发展措施，对全国各省市绿色建筑的发展提供了参考。综合三个政策文件看，在建筑节能的规划设计方面，主要对未来建筑行业的绿色节能发展制定了相应的目标；在建筑节能的运营与改造方面，主要包括优化产业结构、限制两高企业盲目发展及绿色建筑设计等环节的规范及既有建筑改造等；绿色建筑技术的应用上主要提出加大对绿色技术的研发投入和推广；通过建立健全法规制度、加大财政力度等方式对建筑行业进行评价监督与激励。从国家层面对未来建筑行业的发展方向和工作内容提供依据。

二、国内（除河北省）建筑行业政策情况

为贯彻落实可持续发展理念，促进建筑业的高质量发展，各省市以国家层面的法律法规为依据，结合各省实际情况制定相关条例，为建筑业高质量发展提供保障。各省的相关政策大体上可以分为建筑节能的规划和设计、建筑节能的改造和运营、绿色建筑技术应用和建筑节能的评价监督与激励四个方面。通过对各省政策进行总结，发现各省在政策制定上的差异与优势，为后续河北省在建筑行业"双碳"政策及发展路径的制定上提供参考。对除河北省外的 12 个省或自治区的政策进行了梳理，各省制定的建筑行业政策的具体内容如表 3-2 所示。

总体来说，各省往往通过制定"十三五""十四五"规划、绿色建筑条例或推动城乡建设发展文件等对建筑行业发展提出要求，大体上可总结为建筑节能的规划和设计、建筑节能的改造和运营、绿色建筑技术应用和建筑节能的评价监督与激励四方面。其中，在建筑节能的规划和设计方面，各省对未来绿色建筑发展目标、绿色建筑发展路径、绿色建筑标准和等级划分等进行了规划，大多数省份借鉴了国家绿色建筑星级标准作为本省的标准，但由于各省的实际发展情况存在

表3-2 国内（除河北省）建筑行业政策内容

省份	建筑节能的规划和设计	建筑节能改造与运营	绿色建造技术应用	建筑节能的评价监督与激励
河南省	规定了 2016 年全年的 CO_2 等排放量，以自然环境条件和经济发展水平为依据，制定绿色建筑相关地方标准，并根据建筑类型划分等级，最后确定了绿色建筑发展专项规划涵盖的内容	规定了可行性研究报告或项目申请报告的内容，并规定了绿色建筑改造中监理单位、施工单位及建设单位等相关部门的责任，对于农民自建住宅及既有民用建筑改造的标准进行了规定	结合气候特点发展具有地域特色的绿色建筑技术，推进装配式建筑等新型建筑工业化发展，鼓励可再生能源、建筑信息模型技术、节水设施及绿色建材在绿色建筑中的应用，实施重点领域能效提升计划，积极构建绿色低碳发展产业体系	从税收优惠政策、绿色金融服务以及评审优先推荐等方面给予绿色建筑激励，从强化目标责任考核，建立各地、企业温室气体排放信息公开和披露制度等方面给予监督
山东省	主要从三方面进行规划：一是规定绿色建筑的三个等级，由低到高依次为一星、二星、三星；二是根据建筑类别及投资的不同，确定绿色建筑标准等级；三是做好城乡绿色建筑的统筹工作，因地制宜推动农村绿色建筑发展	规定了建筑物所有权人或者使用权人责任，与此同时，结合北方地区和城市更新要求，统筹推动既有居住建筑节能改造，推广新型绿色建造方式	从四方面展开：一是推广可再生能源在新建建筑中应用；二是加强低碳技术研发应用，加快电力、钢铁等传统高耗能产业结构调整；三是因地制宜采用绿色建筑技术产品；四是对于公共建筑有差别的采用供暖系统	在设立绿色低碳建筑财政补助资金以及加大绿色信贷投放等方面给予激励，从严格考核监督，健全绿色建筑与建筑节能全过程监管体系等方面践行监督
广西壮族自治区	将绿色发展理念融入工程策划、设计、施工的全过程，完善绿色建造配套政策和体系建设。城市（镇）总体规划区内新建民用建筑（农村自建住宅除外）全面执行绿色建筑标准，推动绿色建筑规模化发展	进一步推进产业优化升级，坚决遏制高耗能高排放项目盲目发展，加快工业绿色转型和升级	推动能源体系绿色低碳转型，鼓励绿色低碳技术研发、加速科技成果转化	从加大财税扶持力度以及发展绿色金融等方面给予激励，从完善绿色标准、绿色认证体系和统计监测制度等方面加强监督
安徽省	"十四五"期间，完善绿色建筑政策法规、行政监管、技术支撑、市场服务四大体系，全力提升建筑能效水平，全面建设绿色建筑。绿色建筑按照国家规定划分为基本级、一星级、二星级、三星级四个标准等级，并对不同类型的建筑要求不同的标准	开展既有建筑用能基础信息的调查工作，逐步开展建筑绿色化改造，另外规定了绿色建筑所有权人或者使用权人职责，对于监理单位、施工单位以及验收、销售等方面进行了规划	围绕推广可再生能源技术、建筑信息模型技术及绿色建材在新建建筑中的应用、提高资源的利用水平、鼓励绿色建筑采用装配式、超低能耗建筑等技术要求进行了建造技术的规划	—

续表

省份	建筑节能的规划和设计	建筑节能改造与运营	绿色建造技术应用	建筑节能的评价监督与激励
江苏省	首先根据建筑类型规定了不同的标准进行规划、设计、建设；其次对绿色建筑规模比例及建筑碳排放强度做出了要求	规定了既有建筑节能改造流程，及建筑物所有权人或使用权人责任；在绿色农房建设方面也进行了详细规划	主要在坚持因地制宜推广可再生能源、提高资源利用以及鼓励建筑再生材料应用等方面作了规划	—
陕西省	—	进一步推进产业优化升级，坚决遏制高耗能高排放项目盲目发展，加快工业绿色转型和升级	推动能源体系绿色低碳转型，鼓励绿色低碳技术研发、加速科技成果转化	鼓励金融机构创新绿色金融产品和服务、健全节能环保电价机制等方面支持绿色低碳循环发展
湖北省	—	围绕以下三方面进行规划：一是做好工业领域节能减排，推进传统产业向高端化、智能化、绿色化发展；二是推进低碳产业示范园区创建；三是稳步提升森林碳汇能力	提出大力发展可再生能源、鼓励绿色低碳技术研发、大力推广超低能耗建筑和可再生能源技术等绿色建筑应用	从加大财税扶持力度、落实节能环保等方面的税收优惠政策、完善绿色信贷管理机制及发展绿色金融等方面给予绿色低碳循环发展支持，从完善绿色标准和统计监测制度给予监督
辽宁省	根据国民经济和社会发展规划，结合城镇建设和经济发展的实际需要，组织编制绿色建筑发展规划；结合本省实际制定绿色建筑标准，新建民用建筑（农村自建住宅除外），应当按照绿色建筑标准进行规划建设	加快传统产业改造升级，实施重点行业绿色化改造，并且规定了绿色建筑改造中设计单位、施工单位、监理单位以及建设单位职责	—	从建立评估指标体系以及实施监督信息系统等方面进行监督，为绿色低碳理念在国土空间规划实施中有效落实提供有力保障
黑龙江省	进一步提高建筑能效，出台我省"65+"居住建筑节能设计标准，开展超低能耗建筑建设试点。根据国家标准，编制我省绿色建筑标准体系，到2020年，城镇绿色建筑面积占新建建筑面积比重提高到20%	开展既有居住建筑节能改造。推动建筑节能宜居综合改造试点城市建设，完成公共建筑节能改造面积200万平方米以上	实施绿色建筑全产业链发展计划，推行绿色施工方式，推广节能绿色建材、装配式建筑。推进利用太阳能、浅层地热能、工业余热等解决建筑用能需求	—
吉林省	对碳排放总量做出了限制，对能源体系、产业体系和消费领域低碳转型，及碳汇能力提升作了规划和设计	—	—	从加强扬尘管控，加大监管力度，强化目标责任分解落实与考核等方面加强监督

续表

省份	建筑节能的规划和设计	建筑节能改造与运营	绿色建造技术应用	建筑节能的评价监督与激励
浙江省	深入实施新型建筑工业化，完善并全面执行绿色建筑标准，加快推广应用绿色建材，到2020年实现全省城镇地区新建建筑一星级绿色建筑全覆盖，二星级以上绿色建筑占比10%以上	着力推进既有建筑低碳化改造，力争到2020年累计完成既有公共建筑节能改造1000万平方米，既有居住建筑节能改造1800万平方米。以大型公共建筑场馆和机关办公建筑为重点，开展屋顶墙面绿化、地源热泵等节能改造，强化建筑低碳化运营管理	因地制宜推广余热利用、高效热泵、可再生能源、分布式能源、绿色建材、绿色照明、屋顶墙体绿化等低碳技术，到2020年可再生能源在建筑领域消费比重达到10%以上	—
甘肃省	—	—	因地制宜地推广可再生能源和节能降碳技术、推进传统产业转型升级，同时发展新型墙体材料、防水密封材料、保温隔热材料和新型装修材料	—

差异，各省制定的未来发展目标和发展路径有所不同。在绿色建筑的运营与改造方面，河南省、安徽省、江苏省、辽宁省、黑龙江省和浙江省侧重于改造方面，提出推进既有建筑改造，并对建筑物所有权人或者使用权人责任进行了规定；山东省、广西壮族自治区、陕西省则侧重于运营方面的政策，提出限制"两高"企业盲目发展，控制重点行业和领域碳排放，优化产业结构，推动传统产业转型升级。在绿色建筑的技术应用方面，各省都提出要推动绿色建筑低碳技术和可再生能源技术发展，具体包括加强绿色建筑科技研发，促进科技成果转化；优先采用减碳降碳的新技术、新设备、新材料和新工艺，淘汰传统的双高设备和工艺等。在绿色建筑的监督与激励上，相关部门应加强对绿色建筑运行的监督管理，健全控制温室气体排放监督和管理制度，建设信息公开与监督系统；完善财税激励政策，健全完善以绿色低碳发展为导向的财政支持政策体系，对建设、购买、运行绿色建筑的进行财政补贴或减免税优惠政策；落实绿色债券发行指引，完善

绿色信贷和绿色债券政策等。这些政策的制定体现了对建筑行业要求的绿色环保性、节能性、宜居性的三个内核，在建筑的设计、建造过程及投入使用后都呈现出以上特点。

通过这些政策的实施，各省在建筑行业的低碳、节能、绿色发展方面取得了一定效果。河南省的绿色建筑面积增加，绿色建材比例提高，绿色建筑实现省、市、县分级扩面倍增效应。山东省绿色建筑发展势头良好，绿色建筑及节能改造面积增加，供热结构实现明显改善，省级绿色生态示范城镇数量增加，三星级绿色建筑、被动式超低能耗绿色建筑都实现了突破。湖南省部分公共建筑按照一星级以上标准建设；截至 2022 年，城镇新增绿色建筑竣工面积和星级绿色建筑面积占比提高，城镇新建建筑全面实施绿色设计；绿色建筑发展政策、人才保障和研发机构体系基本建立；节能建筑应用持续发展。江苏省加速建筑相关产业的转型升级；推动新兴产业的发展和技术创新；绿色建筑面积增加，拉动增量投资；逐渐深化可再生能源建筑应用。浙江省对碳排放影响较大的建设项目的碳排放总量降低；截至 2020 年，实现全省城镇地区新建建筑一星级绿色建筑全覆盖；完成既有公共建筑和居住建筑节能改造；低碳技术得到推广；可再生能源在建筑领域消费比重增加。安徽省目前拥有装配式建筑部品部件生产企业 105 家，生产线超过 793 条。其中装配式混凝土预制构配件生产企业 54 家，产能逾 580 万立方米；装配式钢结构构件生产企业 48 家，产能已达 1000 多万平方米，居全国第一方阵，钢结构企业收入和加工量排名全国第一，加工量占全国 6%；目前已初步形成工程总承包、设计、构件生产、集成家居、运输物流、研发等全产业链协同发展的模式；全省累计推广装配式建筑规模超 1.1 亿平方米。黑龙江省实行了最严格的"三线一单"生态环境分区管控，严控高耗能、高排放项目建设；截至 2020 年，城镇绿色建筑面积占新建建筑面积比重提高到 20%；推动建筑节能宜居综合改造试点城市建设，完成公共建筑节能改造面积 200 万平方米以上；使得国土空间开发保护格局得到优化，绿色低碳发展加快推进。

第二节 技术应用

一、典型案例

对国内其他省市应用了绿色建筑技术的 15 个典型案例及其创新点如表 3-3 所示。这些典型案例分布于全国各地，其中，北京市、河南省、广东省各 3 个，内蒙古自治区 2 个，其余分别位于吉林省、江苏省、广西壮族自治区和四川省。按照建筑类型来说，公共建筑的建造与改造项目 10 项，如办公楼、实验楼、展示中心、公交场站等；城市民用住宅建造项目 3 项，包括河南省濮阳市中原油田建设经济适用房项目、中海河山大观项目、恒大御景湾建设项目；农用住宅建造与改造项目两项，包括昌平区沙岭新村 36 户和天友零舍。这些项目各有其创新之处，主要通过节能规划并综合运用绿色技术（如主动式技术与被动式技术结合）、绿色建材等实现。

表 3-3 国内建筑业双碳技术应用的典型案例

类型	案例	案例介绍	案例创新点
民用住宅建设项目	河南省濮阳市中原油田建设经济适用房项目	2005 年，河南省濮阳市中原油田建设的经济适用房就开始推广应用"模块化同层排水节水系统"。至今，共有 10 个小区总计安装使用模块化同层排水节水系统约 1.6 万套。业主反映没有出现反臭、地漏冒水等情况	①通过应用模块化同层排水节水系统，节水减碳效果显著。据估算，采用户内循环系统，全年可节水 257.97 亿立方米 ②模块化户内中水集成系统与集中中水系统相比，生产、施工、运行、维护各环节都能够实现明显的碳减排

续表

类型	案例	案例介绍	案例创新点
民用住宅建设项目	中海河山大观项目	位于内蒙古自治区呼和浩特市，地处严寒区，以供暖为主要需求的气候特征非常适合应用超低能耗建筑技术体系。项目外轮廓规整紧凑，体型系数较小，外墙采用石墨聚苯板+岩棉隔离带保温材料，保温材料厚度采用性能化设计方法优化得出。窗采用三玻两腔铝包木高性能窗带节能附框安装	①主动式能源系统采用户式冷热源新风一体机（搭载超低温空气源热泵），新风全热回收效率不低于70% ②屋顶采用太阳能光伏系统，发电用于公区照明，地下车库采用导光管引入天然光，节约照明耗电 ③采用了住宅产业化技术、铝模板全现浇外墙、全装修设计与施工、智慧社区系统、直饮水系统等技术 ④大规模采用搭载超低温空气源热泵的一体机作为主要冷热源，兼顾了超低能耗建筑大幅降低的供暖需求可感知性，以及高端用户的个性化供暖需求的可实现性
	恒大御景湾建设项目	恒大御景湾建设项目位于呼和浩特市毫沁营20#地块，实施超低能耗建筑技术11栋住宅建筑总面积为117747.32平方米。项目经过优化体型系数及平面户型，增设设备安装空间。结合当地气候特征，采用性能化设计方法，确定围护结构体系及参数。外墙保温材料采用石墨聚苯板+岩棉隔离带，外窗采用三玻两腔铝包木高性能窗带节能附框安装	①采用搭载超低温空气源热泵的一体机作为项目的主要冷热源，新风全热回收效率不低于70% ②屋顶采用太阳能光伏发电系统，充分利用可再生能源 ③结合当地气候特征，利用被动式设计手段，提高主动式能源系统的可靠性和经济性，采用可再生能源技术措施，同时应用海绵城市、真空垃圾收集、智慧社区、直饮水、住宅产业化、铝模施工等先进技术，实现超低能耗绿色健康的高品质建设目标 ④首次采用创新型外窗安装方式及冷热源系统，实现超低能耗建筑技术的应用创新
农宅建设项目农宅改造项目	北京市首个超低能耗农宅项目——昌平区沙岭新村36户	项目总计7200平方米，是超低能耗农宅建设示范项目，于2017年10月整体验收合格并交付使用。超低能耗农宅具有超长使用寿命，维护成本极低，农民无须烧柴或烧煤取暖，将彻底改变农民每隔15~20年重建房屋现象	①采用新风系统避免屋内外冷热空气直接交换 ②采用了被动式建造技术，极大降低农民的生活成本，且能够提供良好的室内环境 ③对节能减排有较大贡献，北京现有未实施节能改造91万户，每户年采暖煤耗4.1吨；已实施节能改造58.5万户，每户年采暖煤耗2.65吨

续表

类型	案例	案例介绍	案例创新点
农宅建设项目农宅改造项目	国内首座近零能耗建筑——天友零舍	天友零舍为单层乡居改造项目，是国内第一座按照国标"近零能耗建筑技术标准"建成并获得评价标识的近零能耗建筑。在2020年WAN世界建筑新闻网大赛荣获可持续建筑类别银奖，也是北京市科委"绿色智慧乡村技术集成与示范"课题示范项目。此建筑设计在北京大兴魏善庄半壁店的一个小村庄，由天津大学建筑学院教授、天友设计首席建筑师任军博士所设计建造	①该项目采用了主动式设计技术和被动式设计技术，并通过运用大量的绿色环保材料和新技术充分利用了可再生能源，为使用者提供舒适室内环境，建筑综合节能率达到80%以上 ②"零舍"从乡村可持续发展的未来出发，探讨了低成本近零能耗、低技术本土建造、多模式装配式体系的乡村近零能耗建筑技术与模式
公共建筑建设项目	珠海兴业新能源产业园研发楼	位于珠海市高新区科技创新海岸金珠路9号，地下1层、地上17层，地下1层为设备用房，地面1层为绿色建筑技术、产品展示空间及休闲接待空间，2~17层为绿色办公空间，其中13层为多功能层，白日以会议功能，晚上以办公功能。该建筑采用多项绿建技术，充分考虑被动技术的应用，结合主动技术提高建筑适用性，是一座超低能耗绿色建筑	①项目集成了"遮阳、通风技术""计算机云技术""太阳能建筑一体化""智能建筑微能网"四大技术，涵盖38个子技术和4个科研课题 ②综合运用建筑与设备节能技术、非传统水源利用技术、建筑调适与运维技术等多项先进综合性技术
	吉林建筑科技学院科研楼	位于吉林省长春市，2017年建成，是严寒地区的近零能耗示范建筑。它填补了吉林省超低能耗和绿色建筑领域的多项技术空白，共申报发明专利11项，依托该平台建立了吉林省建筑清洁能源应用工程研究中心和吉林省绿色建造与发展管理研究中心，在产学研用联合创新方面发挥了示范引领作用	①采用高保温性能围护结构集成技术、浅层地能+太阳能耦合地源热泵多能互补及土壤热平衡技术、全热回收新风系统技术、毛细管末端辐射供暖/供冷技术、风光互补并网发电及与建筑一体化技术、建筑运行能耗等监测与控制技术六大集成创新技术体系 ②充分利用可再生能源（浅层地能、光热、光伏、风能），是国内严寒地区首个在同一个建筑物中实现多能互补运行的建筑

类型	案例	案例介绍	案例创新点
公共建筑建设项目	开封市规划勘测设计研究院科研业务楼	位于开封市新区启动区,地上9层、地下1层,总建筑面积1.23万平方米,功能包括综合办公室、会议室、测量室、餐厅、活动室等。项目是开封市首个近零能耗项目,对开封市建筑节能工作、助推城市实现北方清洁取暖示范城市起到示范作用	①建筑南北朝向,外立面风格简洁流畅,浅灰色高反射隔热质感涂料,并搭配北宋风格挑檐设计,丰富了立面效果,既兼顾固定遮阳又提供了光伏安装空间,实现了建筑光伏一体化 ②通过高效外保温系统、高性能门窗、无热桥设计、良好的气密性、高效新风热回收、可再生能源的运用、智能化监测与运维等手段在实现室内环境健康、舒适的同时大幅度降低了建筑能耗
	玉林展示中心项目	玉林展示中心项目是装配式建筑及建筑信息模型技术应用示范项目,由福泰建设投资有限公司投资,中建科技集团有限公司EPC总承包建设;以生态、健康、开放、共享为设计理念,结合生态系统环境和资源,通过装配式、被动式技术手段,充分利用可再生能源,拟打造广西地区集绿色建筑、健康建筑、近零能耗建筑于一体的示范工程装配式建筑及建筑信息模型技术应用示范项目	①被动式技术手段:最大幅度降低建筑供暖供冷需求:采用高性能围护结构,遮阳系统兼具外遮阳和光伏发电、屋顶光伏板兼具屋面遮阳的效果,减少屋面热吸收;建筑西向外墙立体绿化,有效降低外墙表面温度以减少室内传热;室内局部采光筒,提高室内的自然采光率;门厅挑空顶层布置补风器,兼具采光功能,无须采用电力驱动,实现室内外空气的对流,有效地促进室内自然通风 ②主动式技术手段:高能效多联机空调系统;采用节能风扇辅助空调,增强室内气流的均匀度,同时可提高空调的送风温度,达到节能效果;充分利用可再生能源:将太阳能光伏组件建材化,打造建筑屋顶光伏一体化(BIPV)、立面旋转遮阳百叶光伏一体化,光伏停车棚
	南沙新区明珠湾起步区一期(灵山岛尖)公交场项目	项目位于广州市南沙新区,属夏热冬暖地区。通过分析当地气候资源条件,该建筑明显区别于其他小型办公建筑的特点:运行时间长;电气设备多,发热量高;与公交雨棚一体布置;坐落于微气候宜人的雨洪公园内等	①遵循被动优先,主动优化的原则,应用了自然通风、采光,固定外遮阳及乔灌木遮阳,合适的保温层布置及冷热桥处理措施,超白三银高性能外窗等被动式技术 ②高性能变频多联机空调系统,高效新风热回收系统,照明系统,公交雨棚设置光伏发电系统,能耗监测控制、智能照明控制系统等主动式技术

续表

类型	案例	案例介绍	案例创新点
公共建筑建设项目	半导体设备核心部件智能制造项目1#科研实验楼	中科九微半导体设备核心部件智能制造项目1#科研实验楼位于四川省南充市,为一栋三层办公建筑,超低能耗区域面积5462.49平方米。该项目基于模拟计算和敏感性分析比选,结合建设方和使用方诉求获得最优技术方案,最终较现行公建节能设计标准再节能50.96%	①非透明部分采用甲方自产的导热系数0.006W/(m.K)的真空保温装饰一体板与岩棉条组合的外保温体系 ②外窗为新型硬质聚氨酯保温芯材的断桥铝合金中空玻璃窗 ③屋面和建筑基础均实施双层防水防潮设计 ④采用集中式和分散式的能源系统满足不同楼层使用需求,每层设置全热交换效率>70%的新风设备 ⑤建立完善的能耗计量和室内环境监测系统 ⑥采用高效空气源热泵提供生活热水
	河南中安征信建筑科技有限公司技术研发中心装配式PC结构超低能耗项目	通过装配式建筑建造方式和EPC总承包模式,大大缩短了施工周期,降低了施工成本。在投入使用超低能耗技术后,夏季室温将保持在26℃以下、冬季室温20℃以上,真正实现"冬暖夏凉";新风热回收系统,使室内空气品质更高,有效提高办公人员的工作效率,实现办公建筑的低能耗、高能效	①采用了预制框架柱、预制楼梯、叠合楼板,外墙、内隔墙采用ALC墙板,达到装配式建筑AA级标准 ②采用了高性能的围护结构保温系统、高性能的门窗系统、无热桥构造技术、高效新风热回收技术和良好的建筑气密性等超低能耗技术,各项指标经检测均达到装配式和超低能耗的相关规范标准要求
	北京城市副中心智慧能源服务保障中心近零碳示范项目	该项目为通州河东5号热源工程的生产调度服务大楼,由调度大厅、职工之家、收费大厅等部分组成。该建筑的综合能耗比传统建筑低超过70%,使用的能源中约60%是可再生的。整栋建筑通过外墙保温系统、密封性处理、自动遮阳帘、无热桥设计等减少热交换。另外地源热泵、空气源热泵、光伏发电、蓄电池、储能罐、微电网、智慧楼宇等新技术,就能在保证室内舒适的前提下,实现超低能耗甚至"近零能耗"	①幕墙结构在近零能耗建筑的应用模式技术探索:以减小窗墙比、减少幕墙比例、增加装饰材料等方式实现了建筑节能和美观特性完美融合 ②多能耦合的能源系统与近零能耗建筑的创新结合:冷热源系统采用了地源热泵+空气源热泵+水蓄能的复合式系统,电力系统采用了太阳能光伏发电+蓄电池系统 ③智能微网技术在近零能耗建筑的示范应用:基于近零能耗建筑的冷热电动态需求,研究智能微网的优化配置和动态运行模式,实现建筑节能领域与能源领域的交叉

续表

类型	案例	案例介绍	案例创新点
公共建筑改造项目	深圳市建筑工程质量监督和检测实验业务楼安全整治项目	该工程原建筑为深圳市建设工程质量监督总站、市建设工程质量检测中心建筑材料鉴定实验及业务服务用房，年久失修，损坏严重，难以满足现代办公的要求。通过对其进行绿色改造（节能改造、主体结构加固、智能化提升），达到被动式近零能耗的智能舒适办公建筑的水平，将作为政府机关办公楼使用	①高性能围护结构，包括双层外遮阳表皮，热反射涂料，高性能外窗以及立体绿化等设计 ②高性能空调系统，包括全热回收新风系统，高能效多联机制冷系统及室外机喷淋降温设备等 ③高能效的 LED 照明系统结合采光筒并进行分区控制 ④可再生能源的综合利用，包括高性能屋顶光伏系统以及空气源热泵 ⑤改造全过程基于建筑信息模型（BIM）技术，编写了一套楼宇自控运行平台系统及其对应的传感器网络应用方法 ⑥在建筑结构主体加固及改造的过程中，研发了基于光纤光栅结构健康监测系统 ⑦为满足室内舒适健康要求，采用室内空气质量全过程管控技术，确保改造完成后室内空气质量符合健康要求 ⑧创新回用工程渣土，实现材料和资源的循环利用，减少环境污染
	胥门大厦装修改造项目	项目位于苏州市姑苏区学士街25号，建于 1993 年，地上 6 层，地下 1 层。按照自用办公要求进行整体改造及功能提升，并以近零能耗建筑为创建目标。改造后总建筑面积 9900 平方米，其中地上 8438 平方米，地下 1462 平方米。主要技术项目基于既有建筑特征分析，并从苏州气候特征出发，综合采用"被动式+主动式+可再生能源"的近零能耗实施路径	①适度扩大外窗面积并提高外窗开启扇比例，以改善室内自然采光与通风 ②通过在外墙和屋面分别增设模塑石墨聚苯板和挤塑聚苯乙烯泡沫保温层，选用三玻两腔的节能外窗，设置建筑外遮阳措施，来提升围护结构热工性能 ③采用高效风冷热泵、直流无刷风机盘管、高效排风热回收以及局部直流照明等措施，大幅度降低设备能耗 ④充分利用屋面条件，采用单晶硅太阳能光伏发电、平板式太阳能热水系统，以及风力发电系统，实现多能互补的能源供应

　　这些案例都围绕绿色环保性、低碳节能性、宜居性等核心特点展开设计，结合建筑本身的选址及特点综合应用绿色技术（如建筑信息模型技术、可再生能源

技术、主动+被动技术结合等）和绿色建材等进行了总体规划，最终都达到了超低能耗或近零能耗的效果。其中，公共建筑体现了绿色环保性及低碳节能性，民用住宅实现了健康、安全、舒适等目标，体现了绿色环保性、低碳节能性和宜居性，为后续绿色建筑的进一步设计发展及在国内的普及推广提供了范本。

二、关键技术及应用

绿色建筑技术指运用先进的工艺设备、绿色材料，在谋求健康、舒适、安全的生存空间的同时更多地关注人与自然的和谐、降低资源消耗。推广绿色建筑技术对于减少能源消耗、降低环境污染风险，实现建筑业可持续发展等具有积极意义。表3-4汇总了国内建筑业上、中、下游建筑活动中所采用的典型低碳技术，包含建筑围护结构方面（如地板低碳节能技术、屋面低碳节能技术、门窗低碳节能技术等）、建筑排水方面（如中水回用技术、卫生器具节水节能、雨水收集利用技术等）、建筑设备方面（如新风系统节能技术、空调冷热源节能技术、智能照明控制系统）、建筑材料方面（如高效保温隔热材料、高效空气净化材料、轻质高强承重材料等）、建筑能源供给方面（非化石燃料发电系统如太阳能、风能、生物能等）。

表3-4　国内建筑业"双碳技术"及应用

类别	技术名称	技术简介	技术应用
上游	高保温性能围护结构集成技术	建筑围护结构指建筑物及房间各面的围挡物，如墙体、门窗、屋顶、地面等。其中直接与外界空气环境接触的围护结构称为外围护结构，如外墙、外窗、屋顶等；反之即为内围护结构，如内墙、楼地面等。其保温隔热性能由组成围护结构的各部分材料性能决定，通过合理设计能够降低围护结构各部分的传热系数来提高其保温隔热性能的效果，降低能耗	几乎在所有类型的新型建筑概念中都有所提及，既是建筑实现节能减排的"常规操作"，也是"基础操作"

续表

类别	技术名称	技术简介	技术应用
上游	被动式建筑节能技术	是非机械电气设备干预手段实现建筑能耗降低的节能技术，指在建筑规划设计中通过对建筑朝向的布置、遮阳的设置、建筑围护结构的保温隔热技术、有利于自然通风的建筑开口设计等实现建筑需要的采暖、空调、通风等能耗的降低	①建筑室内自然通风 ②窗墙比设计 ③围护结构的保温隔热 ④建筑遮阳 ⑤被动式太阳能利用
上游	主动式建筑节能技术	主动式技术指通过机械设备干预手段为建筑提供采暖空调通风等舒适环境控制的建筑设备工程技术；主动式节能技术则指在主动式技术中以优化的设备系统设计、高效的设备选用来实现节能的技术	主动式节能是通过机械干预手段来降低不可再生资源的消耗，比如采用高能效比空调冷热源，太阳能、风能的利用
上游	外墙外保温技术	该技术不但具有保温隔热的效果，同时具有消除热桥、防止建筑主体结构遭到破坏、不占用室内面积等特点。它具备明显的节能效果，有效降低了取暖成本。常用的外墙外保温技术有：XPS板保温隔热技术、EPS板外墙外保温技术、胶粉EPS颗粒保温浆料外墙外保温技术、喷涂硬泡聚氨酯外墙外保温技术等	不仅适用于新建的建筑工程，同样适用于旧楼改造，适用范围广
中游	模块化户内中水集成系统	模块化户内中水集成系统，又名"模块化同层排水节水系统"，其减碳效果显著。模块化户内中水集成系统与集中中水系统相比，生产、施工、运行、维护各环节都能够实现明显的碳减排	最常用的为卫生间模块化户内中水集成系统，目前已在河南省、河北省、山东省、新疆维吾尔自治区、安徽省等多个实际工程中推广应用
中游	太阳能建筑一体化	太阳能建筑一体化是太阳能利用设施与建筑的有机结合，利用太阳能集热器替代屋顶覆盖层或替代屋顶保温层，既消除了太阳能对建筑物形象的影响，又避免了重复投资，降低了成本	适用于各种形式建筑，如住宅小区、高层楼群、别墅等，如云南丽江滇西明珠示范工程、北京常营小区示范工程、山东德州皇明园林小区示范工程、福建南平武夷花园示范工程、江苏无锡星湖苑小区示范工程等

续表

类别	技术名称	技术简介	技术应用
中游	浅层地能和太阳能＋多能互补技术	浅层地能（热）是太阳能的一种存在形式，是地热可再生能源家族中的一名新成员。"太阳能＋"多能互补热利用是指工业、农业、公用建筑等领域依托太阳能资源和产业优势，将太阳能与空气源热泵、地热能、生物质能、电能、天然气等能源相结合，开发"太阳能＋"多能互补热利用项目，扩大清洁能源应用	①太阳能采暖在广大农村住房、学校、医院、卫生院、养老院、公共设施、农业生产设施等领域有着巨大且长远的市场前景 ②户用采暖方面，内蒙古自治区包头市幸福路1号街坊"太阳能＋空气源＋电加热"、北京市大兴区榆垡镇刘家铺100户采用太阳能＋地源热泵（带季节蓄热）等是典型代表 ③公共建筑采暖方面，"太阳能＋空气源热泵系统"的山东省乐陵市云红小学采暖系统项目等都是行业内的典型代表
	毛细管末端辐射供暖/供冷技术	毛细管辐射空调系统是一种可代替常规中央空调的新型节能舒适空调。系统以水作为冷媒载体，通过均匀紧密的毛细管来辐射传热	①无散湿量产生的酒窖、恒温恒湿室等 ②夏季冷负荷低的节能型办公建筑 ③人员流动少、新排风量恒定的区域
	风光互补并网发电技术	风光互补并网发电技术是一套发电应用系统，该系统利用太阳能电池方阵、风力发电机将发出的电能存储到蓄电池组中，当用户需要用电时，逆变器将蓄电池组中储存的直流电转变为交流电，通过输电线路送到用户负载处，使风力发电机和太阳能电池方阵两种发电设备共同发电	①缺电地区，如风能和太阳能蕴藏量丰富的无电乡村，在这些地区应用可以加速地区经济发展，提供最适宜也最便宜的电力服务，促进贫困地区的可持续发展 ②室外照明，如车行道路照明工程、小区（广义）道路照明工程等 ③电站应用，如风光互补抽水蓄能电站，适用于电网难以覆盖的偏远地区
	无热桥构造技术	外墙内保温无热桥结构，本新型实用可达到采用外墙内保温的方式且消除热桥的目的，提高了墙体的保温效果，减少能耗，降低碳排放	主要应用在建筑的节点部位：穿外墙管道、外门窗、外遮阳、外墙雨水管、出屋面管道、屋面钢架、出屋面风井等

续表

类别	技术名称	技术简介	技术应用
中游	智能微网技术	智能微网是集分布式电源、储能、能量转换装置、相关负荷和监控、保护装置于一体小型电力系统,具有并网和独立两种运行能力,稳定、兼容、灵活、经济	①偏远地区:远离大电网,靠柴油发电机发电,成本高、污染严重,微电网可以为此类地区提供清洁经济的能源 ②无电地区:山区无电地区 ③重要负荷:可靠性高,可为重要负荷提供不间断电力供应 ④智能楼宇系统
中游	"光储直柔"技术	光储直柔是在建筑领域应用太阳能光伏、储能、直流配电和柔性交互四项技术的简称,指建筑能够主动改变从市政电网取电功率的能力。可使建筑用电节约10%左右交直流转换损失,使建筑实现柔性用电	主要应用于新型建筑用电系统;目前应用该技术的项目还不多,如深圳建科院未来大厦光储直柔示范、浙江电网湖州鲁能宾馆示范项目、青岛奥帆中心建筑光储直柔更新示范项目、西宁机场三期工程光储直柔示范项目等
中游	建筑遮阳技术	建筑遮阳按其安装位置不同大致可分为内遮阳、中置遮阳和外遮阳三种。外遮阳的遮阳隔热效果最好,节能降耗效果明显,是建筑节能的重要途径。	目前在上海、南京、杭州、宁波等地区的实际工程中应用到建筑外遮阳技术
中游	装配式建筑技术	把传统建造方式中的大量现场作业工作转移到工厂进行,在工厂加工制作好建筑用构件和配件,运输到建筑施工现场,通过可靠的连接方式在现场装配安装而成的建筑	目前全国已有30多个省市出台装配式建筑专门的指导意见和相关配套措施,2015年全国新开工的装配式建筑面积达到3500万~4500万平方米,近3年新建预制构件厂数量达到100个左右
下游	热回收新风系统技术	能回收显热和潜热(总焓)的新风系统称为全热回收新风系统,而仅回收显热的新风系统称为热回收新风系统	①中等和极度制冷或加热气候 ②通风需求大的建筑物 ③新建筑 ④家居
下游	建筑运行能耗等监测与控制技术	通过服务器向手机App端推送各种信息,同时接收操作指令,即通过互联网进行远程监控与控制,实现与上级平台的通信,实现更大范围用能终端的监测与管理	①建筑设备监控系统的应用 ②智能照明控制系统的应用 ③多表综合计费系统的应用 ④建筑电力监控系统的应用

续表

类别	技术名称	技术简介	技术应用
下游	热回收技术	热回收即回收建筑物内外的余热（冷）或废热（冷），并把回收的热（冷）量作为供热（冷）或其他加热设备的热源而加以利用。针对热回收器回收热量的多少，热回收又可以分为部分热回收和全热回收	常应用于同时存在需热（冷、湿）和排热（冷、湿）处理过程的空调系统，从而降低空调系统的能耗。建筑中有可能回收的热量有排风热量、内区热量、冷凝器排出热量、排水热量等
全过程	BIM智能化信息管理模型技术	BIM用于仿真模拟工程设计、建造的进度和成本控制，整合业主、设计、施工、贸易、制造、供应商，使工程项目的一体化交付成为可能。BIM代表一种新的理念和实践，即通过信息技术的应用和创新的商业结构来减少建筑业的各种浪费，进而降低建筑业碳排放	①工程施工仿真模拟 ②数据可视化交底 ③节点具体分析 ④综合管线碰撞检测

目前，我国建筑业低碳技术发展的速度非常快，从业界到政府，都在努力开发创新减碳技术，致力于建设绿色建筑，从初步兴起到发展再到如今，已经取得了明显的效果。如屋顶保温、外墙保温、门窗节能技术、太阳能利用技术等低碳技术在建筑业开发中已普遍适用。此外，还有其他一些新型的比较成熟的建筑技术，如光伏水泵系统、浅层地热能开发利用、太阳能光伏玻璃幕墙技术、水环热泵空调、反射节能涂料、反射隔热保温涂料等，以上技术由于地域限制或者造价产能方面的原因，尚未在全国范围大面积普及，不过就已经使用的案例看，还是具有相当的发展潜能。

除上述技术以外，还有以下几类技术：

（1）建筑垃圾分类收集与再生利用技术。实施了建筑垃圾分类收集与再生利用技术后，钢材、模板及木方等材料的损耗率大大降低，建筑垃圾的回收利用率达到了50%以上，回收再利用的钢材占钢筋总量的2%~3%，回收再利用的模板及木方占总木材量的5%~8%，节省了工程实际成本，增加了工程的利润。

（2）绿色施工智能管理系统。绿色施工数字化监控技术的使用省去人工抄表的环节，无纸化办公，节约人工成本及办公成本。该套系统，对施工现场的噪声和扬尘超标现象提前预防，得到有效的控制，避免因居民投诉而造成被政府环保部门开具罚单。该套系统对用水量进行监控，能有效减少水资源的浪费，具有很高的经济和社会效益。

（3）再生骨料利用技术。再生骨料利用技术操作简便、安全可靠，可确保工程质量，突破了传统建筑垃圾处理方式，不仅节约了建筑垃圾原材料，还节约了建筑垃圾外运的费用，降低了施工成本，具有显著的经济效益。

（4）生物质锅炉供暖技术。物质能源和风能、太阳能并列为三大可再生能源，其来源广泛，每年都有大量的工业、农业及森林废弃物。以秸秆为燃料，减少了因燃烧秸秆造成的空气污染，绿色低排放，真正绿色清洁；灰分小，烟尘含量低，在国家能源建设中具有重要的战略意义。

（5）封闭式管道垂直运输。该项封闭式管道垂直运输技术装置安装制作简便，可根据项目自身情况选材。通过封闭式管道垂直运输建筑垃圾，能减少施工电梯的负担，减少扬尘，做到"绿色施工、文明施工"。

（6）临时道路场地道路硬化预制技术。临时道路采用装配式板，周转使用可有效减少建筑垃圾的产生，使用装配式临时道路比整体硬化道路减少垃圾排放80%，节省了人工等施工成本，综合考虑装配板周转5次可降低成本35%~40%，具有显著的社会和经济效益。

（7）移动式喷雾机应用技术。相比常见的土方作业过程的扬尘处理方式，风送式喷雾机节省了反复作业过程的人工费用、安全网或遮阴网费用、水资源费用，同时不产生废旧安全网、遮阴网等建筑垃圾，充分起到环保节能的良好效果。

（8）速生植物绿化技术。绿化是既环保又经济的抑制扬尘措施，通过种植速生植物对裸露土体进行水土保持、抑制扬尘。速生植物也可以移植荒地的植物，就地取材，植物生存能力强，每平方米可节约场地硬化费、场地恢复费、场地维护费用约300元。需要进行绿化、抑制扬尘的项目均可采用速生种植绿化技术，该系统具有广泛应用价值。

第三节　本章小结

2020年9月"双碳"目标的提出，把我国的绿色发展之路提升到新的高度，成为我国未来数十年内社会经济发展的主基调之一。而建筑行业作为碳排放大户，在"双碳"目标中扮演着重要角色，需要政策引导其绿色低碳化发展。本章主要介绍了我国在建筑行业双碳技术的应用情况，以及建筑行业政策内容情况，旨在了解国内建筑行业生态圈的政策内容及技术应用现状，为河北省实现建筑行业绿色发展提供切实可行的建议。自2013年发布《绿色建筑行动方案》以来，我国不断提升绿色建筑建设比例，加强建筑绿色低碳化发展，不仅在城乡建设规划及绿色建筑专项规划中强调建筑行业绿色低碳化发展，在"十四五"规划及碳达峰方案等多项重要政策文件中，也多措并举强调发展绿色建筑、低碳建筑及近零能耗建筑等。《城乡建设领域碳达峰实施方案》明确指出，到2025年，城镇新建建筑全面执行绿色建筑标准，推动低碳建筑规模化发展，鼓励建设零碳建筑和近零能耗建筑。在国家政策的推动下，各省纷纷出台了具有地方特色的政策、"十三五""十四五"规划等对建筑行业进行约束和规范。河南省、山东省、安徽省、辽宁省、江苏省、广西壮族自治区等省份均针对建筑行业发展目标、绿色建筑标准、绿色建筑应用等制定了相关政策。这些政策、报告等都对河北省建筑行业具有指引和借鉴意义。

第四章　河北省建筑行业生态圈碳排放情况

第一节　河北省建筑行业生态圈碳排放测算方法体系

根据住房和城乡建设部发布的国家标准《建筑节能与可再生能源利用通用规范》（GB 55015—2021）中关于建筑全寿命周期能耗概念和范围的界定，建筑全寿命周期碳排放包含建材生产及运输、建筑施工、建筑运行、建筑拆除四个阶段的碳排放，如图4-1所示。

图4-1　建筑全寿命周期碳排放范围界定示意图

一、建材生产及运输碳排放测算方法

建材生产阶段的碳排放测算方法有投入产出法和过程法。过程法计算较为方便，因此本书采用基于过程法的建材生产及运输阶段碳排放测算方法，该方法的基本思路是根据当年建筑业主要建材消费量及其单位产品的能耗强度、碳排放因子测算，基本公式为：

建材生产及运输碳排放＝∑建筑业主要建材消耗量×各类建材单位产品碳排放因子

式中，建筑业建材消耗量可以在建筑业统计年鉴中获取。年鉴中统计的主要建材包括钢材、水泥、铝材、玻璃等，关于建材单位产品的碳排放强度，可以通过查询相关文献或数据库进行获取。

二、建筑施工碳排放测算方法

本书中的建筑施工阶段碳排放测算方法的基本思路是通过获取建筑施工能源消耗量和能耗碳排放因子进行计算，基本公式如下：

建材施工阶段碳排放＝∑建筑施工阶段各类能源消耗量×各类能源碳排放因子

式中，建筑施工阶段各类能源消耗量可以从国家统计局公布的数据得到，能耗的碳排放因子依据国家公布的数据或权威结构数据进行获取。碳排放因子根据IPCC发布的各类能源的碳排放因子，如表4-1所示。

表4-1 各能源转换系数和碳排放因子

能源种类	折标煤系数（kgce/kg）	碳排放系数（$kgCO_2$/kg）
原煤	0.7143	1.9003
焦炭	0.9714	2.8604
原油	1.4286	3.0202
煤油	1.4714	3.0179
汽油	1.4714	2.9251
柴油	1.4571	3.0959
燃料油	1.4286	3.1705
天然气	1.3300	2.1622
液化石油气	1.7143	3.1013

三、建筑运行阶段碳排放测算方法

本书中的建筑运行阶段碳排放测算方法的基本思路是通过获取建筑运行阶段各类能源品种的消耗量和能耗碳排放因子进行计算，基本公式如下：

建筑运行碳排放 = ∑ 建筑运行阶段各类能源消费量×各类能源碳排放因子

式中，能源消费种类主要包括化石能源消费、热力消费和电力消费。这三类能源消耗量的计算方法是依据课题组前期开发的基于中国能源统计年鉴能源平衡表的建筑能耗拆分模型（CBECM）进行计算，化石能源的碳排放因子通过国家公布的数据或权威结构数据进行获取，电力和热力的碳排放因子通过能源平衡表进行测算。

四、建筑拆除阶段碳排放测算方法

本书中的建筑拆除阶段碳排放测算方法的基本思路是通过获取建筑拆除阶段各类能源品种的消耗量和能耗碳排放因子进行计算，基本公式如下：

建筑拆除碳排放 = ∑ 建筑拆除阶段各类能源消费量×各类能源碳排放因子

拆除过程中使用不同拆除机械而产生一定的电力、汽油、柴油等能源消耗量与碳排放因子的乘积。

第二节　河北省建筑行业生态圈碳排放现状及未来趋势分析

一、河北省建材生产及运输阶段碳排放

根据上述测算方法，2019 年河北省建材生产及运输阶段碳排放情况如图 4-2 所示。其中，总体产生的碳排放为 28158 万吨 CO_2，钢材产生的碳排放为 6816.6

万吨 CO_2,占比为 23.90%,铝材产生的碳排放为 20149.2 万吨 CO_2,占比为 70.65%,水泥产生的碳排放为 1551.9 万吨 CO_2,占比为 5.44%,其他建材占比较少。

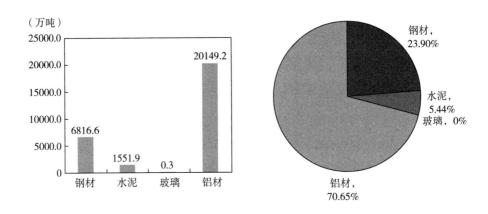

图 4-2　2019 年河北省建材生产碳排放构成情况（近似值）

河北省建材生产碳排放构成及变化趋势如图 4-3 所示。可以看出,2000~2019 年建材生产碳排放的年均增速为 18.4%,总体上呈现先上升后下降趋势。2012 年出现了明显下降趋势,2019 年有些反弹。"十一五"期间的建材生产碳排放的年均增速为 8.68%,"十二五"期间建材生产碳排放的年均增速为 10.83%,2015~2019 年年均增速为 6.75%。其中,钢材和水泥为主要产生碳排放的两大建材,占比超过了 80%。

二、河北省建筑建造及拆除阶段碳排放

建筑建造及拆除阶段碳排放包括建造施工、维护施工、改建施工和拆除施工四个方面的能耗产生的碳排放。根据前述测算方法,2012 年是建筑施工碳排放变化的分水岭（见图 4-4）,2013 年出现断崖式下降,此后进入平台期。电力消耗和碳排放保持快速增长,2000~2019 年年均增速 10.0%。

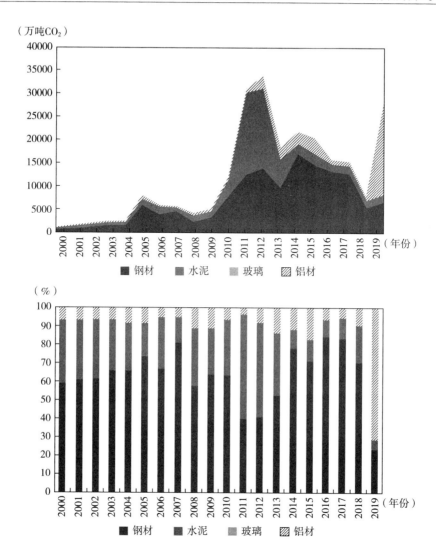

图4-3 河北省建材生产碳排放构成及变化趋势

三、河北省建筑运行阶段碳排放

建筑运行碳排放总体上呈现上升趋势，但增速明显放缓。根据前述测算方法，其中建筑直接碳排放已经基本达峰，排放量维持在5000万吨CO_2。占比从2000年的65.7%下降到2019年的36.3%；电力碳排放则保持较快增速，占比从

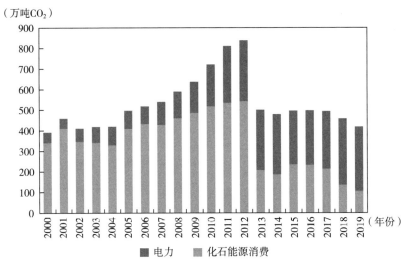

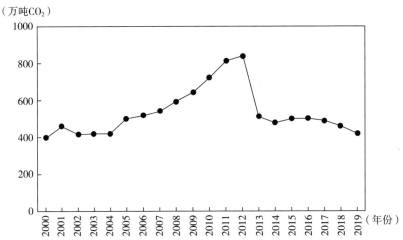

图4-4 河北省建筑建造及拆除碳排放构成及变化趋势

20.7%上升到47.9%；热力占碳排放比例维持在13%~17%，如图4-5所示。

四、河北省建筑行业生态圈建筑全生命周期碳排放

根据上述测算方法，2019年，河北省建筑全生命周期碳排放总计4.09亿吨CO_2，约占当年全省碳排放总量的近50%，其中，建材生产及运输碳排放2.85亿

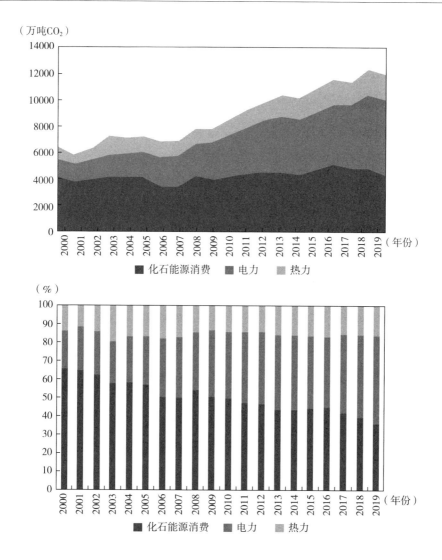

图 4-5　河北省建筑运行阶段碳排放变化趋势及构成

吨 CO_2，建筑建造及拆除碳排放 417.93 万吨 CO_2，建筑运行碳排放 1.20 亿吨 CO_2。建筑运行阶段，建筑直接碳排放约 0.44 亿吨 CO_2（占比 36.33%），电力碳排放 0.58 亿吨 CO_2（占比 47.89%）；热力（集中供热）碳排放 0.19 亿吨 CO_2（占比 15.7%）。河北省建筑碳排放总体上呈现增长趋势（见图 4-6），从 2000 年到 2019 年，增长约 4 倍，并且增速目前没有放缓的趋势。不同阶段的建筑碳排放变化趋势特点存在一定差异。

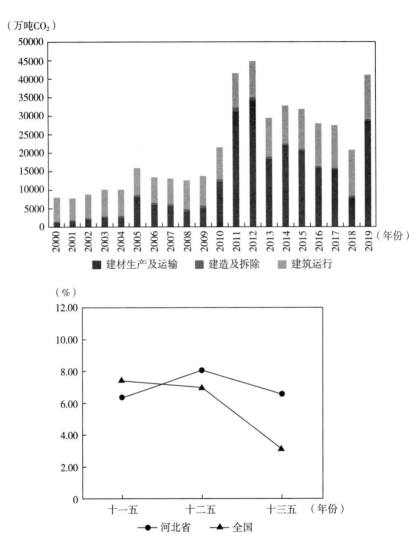

图4-6 河北省建筑全生命周期碳排放变化趋势及与全国增速对比

河北省建筑碳排放在"十一五"期间年均增速大约为6.47%,略低于全国平均水平,然而在"十二五"和"十三五"期间的年均增速分别为8.09%和6.55%,明显高于全国平均增速7%和3.1%。可见,河北省的能耗和碳排放目前仍然高于全国平均水平,未来建筑领域的碳减排工作仍然是全省节能减排工作的重点。

五、河北省建筑行业生态圈碳排放的未来变化趋势

情景分析法是一种常用的对事物未来发展情况进行分析的方法，已经在很多领域得到了广泛应用，因此本书采用情景分析法对河北省建筑碳排放进行了预测。从图 4-7 中可以看出，河北省建筑运行碳排放未来仍然会呈上升趋势。基准情景下，预计河北省建筑碳排放将于 2035 年达到峰值 1.94 亿吨 CO_2，可以看出，河北省建筑部门如果按照当前的发展模式，未来将难以实现 2030 年碳排放达峰目标；从图 4-7 中可以看出，低碳发展情景下将于 2030 年达峰（1.57 亿吨 CO_2），说明如果未来进行对建筑用能结构进行优化，大力发展建筑节能减排技术，提升建筑部门的用能效率等，未来将有可能实现 2030 年碳排放达峰目标；从图 4-7 中可以看出，高碳发展情景下建筑部门碳排放的达峰时间将可能会延迟到 2040 年，峰值可能会超过 2.5 亿吨 CO_2，将给河北省的建筑碳减排工作带来巨大挑战。总之，如果不进行额外的政策干预和技术进步，河北省建筑碳排放难以实现 2030 年碳排放达峰目标，因此，未来河北省建筑碳减排工作应该从政策和技术两个视角进行持续发力。

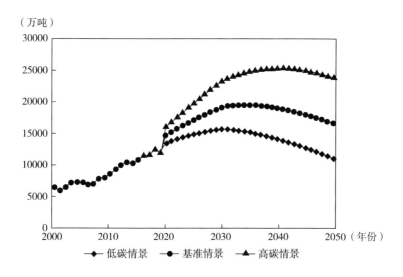

图 4-7　河北省建筑部门碳排放未来变化趋势

第五章 河北省建筑行业生态圈"双碳"政策及技术应用情况

基于建筑行业绿色转型的背景，河北省政府及各地纷纷出台促进技术发展，助力建筑业绿色转型的相关政策。本章主要介绍了河北省出台的建筑行业生态圈的政策、打造生态圈的重点以及应用双碳技术的情况和亮点成果，旨在了解河北省建筑行业生态圈的现状，为实现建筑行业绿色发展提供切实可行的建议。

第一节 政策及效果

河北省在建筑行业的规划设计、运营改造、技术发展、激励监管措施等方面都出台了相关的政策，旨在推动建筑行业向绿色、生态、科技方向发展。

一、建筑行业的规划与设计

在建筑节能的规划和设计方面，河北省出台了推动绿色建筑专项规划、城乡绿色发展方式转型升级、新型建筑工业规划、建筑类别与建筑标准相适应、绿色建筑标准制定等方面的相关政策，这对于推动建筑工业化、数字化，加快建筑业转型升级具有重要意义。

（一）绿色建筑专项规划相关政策

2019 年 1 月 1 日正式实施的《河北省促进绿色建筑发展条例》，从绿色建筑的实施标准、建设管理程序、运营改造要求、激励措施四个方面对河北省绿色建筑的发展提出了规划。这对于更好地贯彻生态文明，落实绿色发展理念，引领全省建筑业转型升级和高质量发展，提高城镇化水平，实现节能环保以及人与自然和谐共生具有重要意义。2020 年 11 月出台的《邢台市绿色建筑专项规划（2020-2035 年）》，规定了河北省邢台市城镇新建民用建筑的规划建设要求，到 2035 年，新建建筑全部应为绿色建筑基本级以上，且绿色建筑占一星级以上的面积比例不少于 85%。

（二）城乡绿色发展方式转型升级相关政策

2021 年 10 月河北省委办公厅、省政府办公厅印发的《推动城乡绿色发展的实施意见》提出，到 2025 年、2035 年实现全省城乡建设绿色发展的总体目标、明确构建与京津相匹配的城乡绿色发展新格局、加快城乡建设发展方式转型升级、推进城乡建设绿色发展现代化等具体要求。此外，2022 年出台的《关于完整准确全面贯彻新发展理念认真做好碳达峰碳中和工作的实施意见》提出，要大力推广低碳生产生活和建筑方式，全面推动城乡建设向绿色低碳高质量发展。该意见提出了四个方面的规划，以推进城乡建设和管理模式低碳转型为目的，同时大力发展节能低碳建筑、加快优化建筑用能结构与建造方式、加快形成绿色生产方式，以实现城乡建设的绿色低碳发展。

（三）新型建筑工业规划相关政策

2021 年 11 月出台的《河北省新型建筑工业化"十四五"规划》（以下简称《规划》）明确了"十四五"时期工作目标和重点任务，提出到 2025 年，河北省新型建筑工业化政策机制基本建立，建筑设计标准化水平和部品部件生产标准化水平均显著提高，建筑质量和效益明显提升，信息化技术与建筑业加快融合，组织管理模式不断创新，科技支撑作用不断加强，专业人才培育加快，新型建筑工业化水平显著提高。

根据《规划》，共设定了三项约束性目标和五项预期性目标。其中，三项约束性目标的目标时间为 2025 年，目标内容如下：城镇新建绿色建筑面积占当年新建建筑面积比例达到 100%；新建星级绿色建筑面积占当年新建绿色建筑面积的比例达到 50% 以上；城镇新建装配式建筑面积占当年新建建筑面积的比例达到 30% 以上。另外，还有五项预期性目标，其目标时间也为 2025 年，目标内容如下：新建建筑施工现场建筑垃圾（不包括工程渣土、工程泥浆）排放量每万平方米不高于 300 吨；装配式建筑施工现场建筑垃圾（不包括工程渣土、工程泥浆）排放量每万平方米不高于 200 吨；新建建筑采用绿色建筑材料的比例逐年提高，到 2025 年达到 30% 以上；新建建筑能耗标准逐年提高，到 2025 年达到国家及行业标准的 40% 以上；建设住宅小区、商业综合体、公共建筑等建筑的生态化、智能化、信息化水平逐年提高，到 2025 年达到国内先进水平。以上目标有助于推动城市建设朝着可持续、节能、环保、智能化的方向发展，提高城市的生态环境和建筑质量。

（四）建筑类别与建筑标准相适应的相关政策

2021 年 2 月，河北省住建厅、发展改革委等七部门印发了《保定市绿色建筑创建行动实施方案》。该方案提出，到 2022 年，保定市城镇新建建筑中绿色建筑面积占比达到 92%，装配式建筑面积占比达到 25%，绿色建材在新建建筑中应用占比达到 50%。同时，积极推进被动式超低能耗建筑的打造，增加星级绿色建筑数量，改造城镇老旧小区，推动可再生能源与建筑一体化应用，科学引导农村自建住房采用绿色建筑技术及绿色建材。与此同时，完善绿色建筑信息管理平台，全面推广绿色住宅使用者监督，逐步形成全市绿色低碳发展氛围。

（五）绿色建筑标准制定

2021 年 9 月，河北省雄安新区管委会印发了《雄安新区绿色建筑高质量发展指导意见》。首先，要求推动绿色建筑全方位高质量发展，包括在绿色建筑设计、施工、运营等各个方面推进高质量的发展。其次，强调推进工程建设全过程绿色建造，从材料选择、节能减排、环境保护等方面推动绿色建筑建造。再次，要求推广绿色建筑技术应用和示范引领，促进绿色建筑技术在雄安新区的推广和应用，并发挥绿色建筑的示范引领作用。此外，强调了加强绿色建筑技术和产业支撑的重要性，包括建立绿色建筑技术研发平台、培育绿色建筑产业等。最后，要求加强绿色建筑全过程管控，确保绿色建筑的建造和运营过程中的环境保护、节能减排等问题得到有效解决。河北省出台的建筑节能规划和设计相关政策文件如图5-1所示。

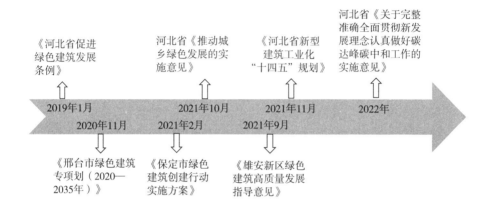

图5-1 河北省建筑节能规划和设计相关政策文件

二、建筑行业的运营与改造

河北省对绿色建筑的运营与改造各方面的基本原则以及标准做了如下的具体规划：

（一）基本原则

2021年11月出台的《河北省新型建筑工业化"十四五"规划》，从市场主导与政府主导、区域协同与一体发展、节能环保与绿色发展、自主研发与开发合作四个方面提出了河北省新型建筑工业化的基本原则。

（二）绿色建造技术应用

2019年1月1日，《河北省促进绿色建筑发展条例》正式实施，该条例规定了建筑物所有权人、使用权人以及物业服务企业的运营主体责任，并要求建立全省统一的能耗统计监测平台，通过评估和统计监测，为编制绿色建筑专项规划、制定公共建筑能耗限额、改造既有绿色建筑提供依据。

（三）绿色建筑的改造

市、县级人民政府应当有序推动既有民用建筑的绿色改造。对于具备条件的行政机关、事业单位、社会团体的办公建筑，应优先采取合同能源管理方式进行绿色改造。通过采用节能减排、智能控制等技术手段，提高既有建筑的能源利用效率，改善室内环境质量，促进建筑节能减排和环保减排工作的推进。

（四）绿色建筑的拆除

政府投资或者以政府投资为主的绿色建筑，在未达到设计使用年限前不得拆除。如果因公共利益确需提前拆除，应向社会公示并征求意见，接受社会监督。这意味着，在进行政府投资或以政府投资为主的绿色建筑时，需要充分考虑其投资回收期，避免资源浪费和环境破坏。如果确需提前拆除，需要进行公示和征求意见，确保公共利益最大化的同时，也要尽可能地减少环境影响。

三、建筑行业的技术发展

河北省提出要大力发展节能建筑、低碳建筑、绿色建材，推动装配式建筑、被动式超低能耗建筑发展。与此同时，河北省还出台了推广建筑信息模型（BIM）技术、太阳能光热技术、太阳能光伏等技术在建筑业中运用的政策。

（一）推动节能建筑和低碳建筑的发展

2021年9月，雄安新区管委会发布了《雄安新区绿色建筑高质量发展指导意见》，旨在推动绿色建筑全方位高质量发展，鼓励在"一主五辅"区域内大力推广超低能耗建筑、近零能耗建筑和零能耗建筑，大力发展低碳建筑；此外，该指导意见大力支持绿色建筑与近零能耗建筑、零碳建筑、健康建筑、智慧建筑、装配式建筑等"绿色建筑+"融合发展。

2021年，河北省政府发布的《推动城乡绿色发展的实施意见》提出，推动高质量的绿色建筑大规模发展，加快近零能耗建筑产业的发展，形成全产业链体系。重点发展近零能耗建筑专用的核心部件，优化和集成系统技术，构建全流程服务体系。除此之外，还提出加快推进雄安新区近零能耗建筑核心示范区和石家庄市、保定市、唐山市近零能耗建筑产业示范基地的建设，培育和壮大高碑店、大城、任丘、广平、沙河等特色产业集群，形成近零能耗建筑"一区三基地多支撑"的产业发展布局。该意见指出，要鼓励发展零碳建筑和绿色农村住房，扩大近零能耗建筑的建设规模。到 2025 年，累计建设近零能耗建筑 1340 万平方米以上。2021 年 11 月，河北省出台的《河北省新型建筑工业化"十四五"规划》提出，推进近零能耗建筑发展，落实河北省政府办公厅《关于支持被动式超低能耗建筑产业发展的若干政策》，应加强工作推进机制建设。同时，加快推进雄安新区近零能耗建筑核心示范区和石家庄市、保定市、唐山市近零能耗建筑产业示范基地的建设，增加近零能耗建筑的推广力度。政府投资的办公建筑、学校等公共建筑以及集中建设的公租房、专家公寓和人才公寓等居住建筑，应按照近零能耗建筑的标准规划、建设和运营。对于新建的保障性租赁住房项目，应鼓励按照近零能耗建筑标准进行规划和建设。应探索按照近零能耗建筑标准改造现有建筑，提高其能效。

2022 年 1 月，河北省出台《关于完整准确全面贯彻新发展理念认真做好碳达峰碳中和工作的实施意见》提到，要大力发展节能低碳建筑，新建建筑全面执行绿色建筑标准，推进既有建筑节能改造，力发展近零能耗建筑，形成产业链体系。

（二）推动绿色建材的使用

2021 年 2 月，河北省住建厅、发展改革委等七个部门联合印发了《保定市绿色建筑创建行动实施方案》，该方案提出了多项措施来加快绿色建材的评价认证和推广应用。其中，方案要求政府投资工程优先选用绿色建材，并逐步提高绿色建材应用比例。方案建议建立绿色建材数据库和信息采集、共享机制，利用新技术构建绿色建材公共服务体系，并发布绿色建材评价标识和试点示范等信息，以建立绿色建材选用和质量追溯机制。为推进绿色建筑和建材工业的发展，该方案提出以下措施：加强建筑工程设计规范与绿色建材产品标准的联动，研究绿色建筑技术和绿色建材的有机结合，明确对绿色建材的使用规定，并加强绿色建材生产应用与绿色建筑发展、绿色城市建设之间的联系。此外，需加强绿色建材生产和应用协调机制，强化部门联动，并开展绿色建材行动检查。

（三）推动装配式建筑的发展

2020 年 9 月，河北省住房和城乡建设厅、省发改委和省教育厅印发了《河北省绿色建筑创建行动实施方案》。该方案提出了推进装配式建筑发展的措施，即政府投资的单体建筑面积超过 2 万平方米的新建公共建筑率先采用钢结构。唐山市和沧州市被选为试点城市，以促进钢结构装配式住宅的发展。此外，方案还提出了制定装配式混凝土建筑工程质量监督要点和京津冀协同标准《装配式建筑施工安全技术规范》的要求，以推进装配式混凝土建筑工程的发展。同时，编制《预制组合部件应用技术规程》和《装配式钢结构建筑标准构件尺寸指南》，推动部品部件生产标准化，支持相关企业提高技术水平，并打造装配式建筑产业基地。

2020 年 11 月，邢台市以《河北省促进绿色建筑发展条例》的发布为契机，将全市划分为 18 个目标管理分区，包括襄都（含邢东新区、经济开发区）、信都、南宫、新河等。中心城区及各目标管理分区需引入新技术、新材料及新工艺，推进绿色建筑规模化，并探索推动装配式建筑和既有建筑绿色改造。同时，持续推动可再生能源建筑应用，大力推广绿色建材的应用，试点打造绿色生态城区，创建绿色园区，并不断满足人民群众对建筑舒适性和健康性的需求。

2021 年 2 月，河北省住建厅、发展改革委等七部门印发了《保定市绿色建筑创建行动实施方案》。该方案指出大力发展装配式混凝土和钢结构建筑，积极推进钢结构装配式住宅的建设。在新建公共建筑方面，原则上采用钢结构建设，在所有新建建筑中推广使用预制隔墙板、叠合楼板、楼梯等部品部件，推进装配式建筑产业基地建设，提高装配式建筑标准化水平，推动装配式构配件通用化。

2021 年 5 月，秦皇岛市印发的《2021 年度全市装配式建筑发展目标》指出，提高装配式建筑建设水平，推进装配式建筑设计、生产、施工一体化，加强设计与生产、施工的有效衔接，提高装配式建筑构配件标准化水平。

2021 年 10 月，河北省住房和城乡建设厅等九部门联合印发的《关于加快新型建筑工业化发展的实施意见》提到，要推进装配式建筑发展，推进建筑全装修，培育施工骨干企业。在保障性住房和商品住宅中积极推广装配式混凝土结构，鼓励各地推广应用预制内隔墙、预制楼梯板和预制楼板。政府投资的单体建筑面积超过 2 万平方米的新建公共建筑将率先采用钢结构。装配式建筑、星级绿色建筑工程项目应全装修交付，积极发展成品住宅，倡导菜单式全装修。到 2025 年，培育不少于 20 家工程总承包骨干企业。与此同时，该实施意见也提出，要促进多专业协同，推进标准化设计，推动全产业链协同。鼓励设计单位应用数字化设计方案，推进建筑、结构、设备管线、装修等多专业一体化集成设计。完善设计选型标准，实施建筑平面、立面、部品部件、接口标准化设计，推广少规格、多组合设计方法，以学校、医院、办公楼、酒店、住宅等为重点，强化设计引领，推广装配式建筑体系。

2021 年 11 月，河北省出台《推动城乡绿色发展的实施意见》再次提出，要推进装配式建筑设计、生产、施工一体化，加强设计与生产、施工的有效衔接，提高装配式建筑构配件标准化水平，并大力发展装配式建筑，特别是推动钢结构装配式住宅建设。该意见旨在实现 2025 年新建装配式建筑占当年新建建筑面积比例达到 30% 以上的目标。

2021 年 11 月，河北省出台《河北省新型建筑工业化"十四五"规划》提出，推广装配式混凝土建筑的政策。该规划指出，要推动装配式混凝土剪力墙住宅大空间灵活可变技术研究，加强高性能混凝土、高强钢筋和消能减震、预应力技术的集成应用。在保障性住房和商品住宅中积极应用装配式混凝土结构，引导各地因地制宜推广应用预制内隔墙、预制楼梯板和预制楼板。此外，要完善适用于不同建筑类型的装配式混凝土建筑结构体系，推进建筑全装修，推进装配式建筑、星级绿色建筑工程项目全装修交付，积极发展成品住宅。另外，规划提出，推行工厂化预制、装配化施工、信息化管理的建造模式，支持部品部件生产企业技术体系规范化。

2022 年 1 月，河北省委、省政府出台的《关于完整准确全面贯彻新发展理念认真做好碳达峰碳中和工作的实施意见》提出，要大力发展钢结构建筑，推动装配式建筑逐步成为主要建造方式。

（四）推动被动式超低能耗建筑的发展

自 2019 年 1 月 1 日起实施的《河北省促进绿色建筑发展条例》为促进被动式超低能耗建筑发展提供了依据。河北省政府办公厅印发《支持被动式超低能耗建筑产业发展的若干政策》，提出了 28 条支持政策，包括土地供应、产业链条完善和金融服务创新。自 2014 年开始，河北省每年都会安排建筑节能专项资金，用于支持被动式超低能耗建筑建设。

2015 年 2 月，河北省颁布并实施了《被动式低能耗居住建筑节能设计标准》，截至 2019 年 9 月，实施被动式超低能耗居住建筑及公共建筑节能的设计、施工、验收、评价、检测 5 项标准，基本构建了全河北省被动式超低能耗建筑标准体系。同时，河北省严把被动式超低能耗建筑入口关和出口关，构建起从项目立项、设计审图、施工过程，到验收评价、销售交付、使用后评估等被动式超低能耗建筑建设过程全覆盖，建设、设计、监理、监测单位等责任主体全覆盖的闭合管理机制。

2020 年 9 月，河北省住房和城乡建设厅联合省发改委、省教育厅等部门印发了《河北省绿色建筑创建行动实施方案》，提出大力发展被动式超低能耗建筑，以政府投资或以政府投资为主的公共建筑和居住建筑原则上按照被动式超低能耗建筑标准规划、建设和运行。并计划到 2022 年，被动式超低能耗建筑新开工面积增速不低于 10%。同时，河北省印发了《支持被动式超低能耗建筑产业发展的若干政策》，提出 28 条支持政策，包括保障土地供应、完善产业链条、创新金融服务等八方面。2021 年 5 月，石家庄市出台的《关于支持被动式超低能耗建筑产业发展的若干措施》提出，大力推进被动式超低能耗建筑产业发展，2021 年将新开工被动式超低能耗建筑面积达到 20 万平方米，到 2023 年累计实现开工被动式超低能耗建筑面积达到 250 万平方米，到 2025 年累计实现开工被动式超低能耗建筑面积达到 300 万平方米。

2021 年 3 月出台的《2021 年河北省被动式超低能耗建筑产业发展工作要点》加大政策支持，从构建规模化推广格局与优化产业布局、打造全产业链体系与加强科技支撑、完善产业标准体系加强宣传培训、提升专业水平和社会认知度与压实责任建立机制、推动全产业链快速发展五个方面具体落实被动式超低能耗建筑产业发展规划，加快被动式超低能耗建筑产业发展，推进河北省经济社会发展。

2021 年 10 月实施的《关于加快新型建筑工业化发展的实施意见》提出了推进绿色建筑高质量发展的目标，其中包括推动被动式超低能耗建筑的加速发展，以及推广应用绿色建材等方面的措施。同时，该意见提出扩大星级绿色建筑规模的目标，要求政府投资或以政府投资为主的建筑、建筑面积大于 2 万平方米的大型公共建筑、建筑面积大于 10 万平方米的住宅小区，按照高于最低等级的绿色建筑标准进行建设。该意见明确了实现 2025 年城镇新建星级绿色建筑占新建绿色建筑面积比例达到 50% 以上的目标。这些措施旨在促进绿色建筑的发展，推动建筑工业化的发展，并提高建筑的质量和能效，以实现可持续发展目标。

（五）推广建筑信息模型（BIM）技术的应用

2021 年 10 月，河北省出台的《关于加快新型建筑工业化发展的实施意见》提出，要推广建筑信息模型（BIM）技术，积极开展 BIM 技术应用示范，加快推进 BIM 技术在新型建筑工业化全寿命期的一体化集成应用，实现设计、采购、生产、建造、交付、运行维护等阶段的信息互联互通和交互共享，加快应用大数据和物联网技术的进程。此外，该意见还提到，要推动大数据技术在工程项目管理、招标投标环节和信用体系建设中的应用，以支撑市场监测和数据分析，提高建筑行业公共服务能力和监管效率。另外，在监控管理、节能减排和智慧工地、智能建筑中推广应用传感器网络、低功耗广域网、5G 技术、边缘计算、射频识别（RFID）及二维码识别等物联网技术。

2021 年 11 月，河北省出台的《河北省新型建筑工业化"十四五"规划》提出，要充分利用社会资源推动建设基于 BIM 技术的标准化部品部件库，推进城市信息模型（CIM）平台建设，推进 BIM 技术与 CIM 平台的融通联动，提高建筑行业全产业链资源配置效率。同时还要加大 BIM 技术推广应用政策研究，将 BIM 技术集成运用作为骨干企业和专精特新企业发展的基础条件，将应用 BIM 技术增加的成本，合理纳入工程造价。

《2021年奋力谱写新时代河北住房城乡建设事业发展新篇章》提到，河北省2021年的工作重点是绿色智慧建造点，要推动建筑业实现转型升级，推进智能建造与建筑工业化协同发展，加大建筑信息模型（BIM）、大数据、人工数据、人工智能等新技术的集成应用力度。同时，河北省每个市培育不少于1家建立以BIM技术为基础的数字化中心（实验室）的建筑企业，实现全省创建100个BIM应用示范工程的目标。

（六）推广太阳能光热及光伏技术的应用

2021年9月，河北省雄安新区管委会印发了《雄安新区绿色建筑高质量发展指导意见》，指出要积极推广绿色建筑技术的应用和示范引领，鼓励太阳能光热技术、太阳能光伏技术、地热资源、再生水源及余热等热泵技术在建筑中的应用，加强智能电网建设，鼓励新建项目采用光储直柔技术。此外，意见指出，要开展零碳建筑技术示范、绿色建造与绿色建材应用示范、绿色低碳健康宜居示范，将政府投资和使用财政性资金的新建工程全面采用绿色建材，并引导和鼓励市场投资项目使用绿色建材。河北省建筑行业技术发展的相关政策如表5-1所示。

表5-1　河北省建筑行业技术发展的相关政策

建筑行业的技术类型	相关政策
低碳建筑	①2021年9月，雄安新区管委会出台的《雄安新区绿色建筑高质量发展指导意见》提出推动绿色建筑全方位高质量发展 ②2021年11月河北省出台的《推动城乡绿色发展的实施意见》中提出推动高质量绿色建筑规模化发展 ③2021年11月河北省出台的《河北省新型建筑工业化"十四五"规划》提出推进近零能耗建筑发展
绿色建材	2021年2月河北省住建厅、发展改革委等七部门印发《保定市绿色建筑创建行动实施方案》，该方案提出加快推进绿色建材评价认证和推广应用，构建绿色建材公共服务体系，加强建筑工程设计规范与绿色建材产品标准的联动

续表

建筑行业的技术类型	相关政策
装配式建筑	①2020年9月河北省住房和城乡建设厅联合省发改委、省教育厅等部门印发《河北省绿色建筑创建行动实施方案》，方案提出推进装配式建筑发展 ②2020年11月，邢台市出台的《河北省促进绿色建筑发展条例》要求中心城区及各目标管理分区引入新技术、新材料及新工艺，推进绿色建筑规模化 ③2021年2月河北省住建厅、发展改革委等七部门印发的《保定市绿色建筑创建行动实施方案》指出积极推进钢结构装配式住宅建设 ④2021年5月秦皇岛市印发的《2021年度全市装配式建筑发展目标》指出，推进装配式建筑设计、生产、施工一体化 ⑤2021年10月省住房和城乡建设厅等九部门联合印发的《关于加快新型建筑工业化发展的实施意见》提出推进建筑全装修，培育装配式建筑施工骨干企业 ⑥2021年11月河北省出台的《推动城乡绿色发展的实施意见》中提出加强装配式建筑设计与生产、施工的有效衔接 ⑦2021年11月河北省出台的《河北省新型建筑工业化"十四五"规划》提出推广装配式混凝土建筑 ⑧2022年1月河北省委、省政府出台的《关于完整准确全面贯彻新发展理念认真做好碳达峰碳中和工作的实施意见》提出推动装配式建筑逐步成为主要建造方式
被动式超低能耗建筑	①2015年2月，河北省颁布并实施了《被动式低能耗居住建筑节能设计标准》，至2019年基本构建了全河北省被动式超低能耗建筑标准体系 ②2019年1月1日起实施的《河北省促进绿色建筑发展条例》为促进被动式超低能耗建筑发展提供了法规依据 ③河北省政府办公厅印发的《支持被动式超低能耗建筑产业发展的若干政策》提出了28条支持政策 ④2020年9月河北省住房和城乡建设厅联合省发改委、省教育厅等部门印发《河北省绿色建筑创建行动实施方案》发展被动式超低能耗建筑 ⑤2021年3月出台的《2021年河北省被动式超低能耗建筑产业发展工作要点》提出加快被动式超低能耗建筑产业发展 ⑥2021年5月石家庄市出台的《关于支持被动式超低能耗建筑产业发展的若干措施》提出大力推进被动式超低能耗建筑产业发展 ⑦2021年10月实施的《关于加快新型建筑工业化发展的实施意见》提出推进绿色建筑高质量发展，推动被动式超低能耗建筑加速发展
建筑信息模型（BIM）技术	①2021年10月河北省出台的《关于加快新型建筑工业化发展的实施意见》提出推广建筑信息模型（BIM）技术，开展BIM技术应用示范 ②2021年11月河北省出台的《河北省新型建筑工业化"十四五"规划》提出建设基于BIM技术的标准化部品部件库，推进城市信息模型（CIM）平台建设
太阳能光热及光伏技术	2021年9月，河北省雄安新区管委会印发了《雄安新区绿色建筑高质量发展指导意见》，鼓励在建筑中使用太阳能光热技术、太阳能光伏技术、地热资源、再生水源以及余热等热泵技术，太阳能光热技术、太阳能光伏技术、地热资源、再生水源及余热等热泵技术在建筑中的应用

四、建筑行业的激励与监管措施

（一）绿色建筑发展激励措施

河北省实施的《河北省促进绿色建筑发展条例》为促进绿色建筑的发展提供了政策支持和鼓励措施。该条例明确了县级以上人民政府资金支持的范围，省级层面的政策扶持方向，同时鼓励和引导社会资本投资、运营绿色建筑，鼓励和支持绿色建筑技术的研究、开发和示范推广，培育市场导向下的绿色建筑技术创新体系。

此外，该条例还提到，研发绿色建筑技术、产品材料和建设、购买绿色建筑可享受税前加计扣除；使用住房公积金贷款购买二星级以上新建绿色建筑自住住房或者新建全装修自住住房的，贷款额度上浮 5%～20%。这些措施的实施有望刺激绿色建筑技术、产品和材料的研发，促进绿色建筑的广泛应用。

（二）绿色建筑发展监管措施

2020 年 9 月，河北省住房和城乡建设厅联合省发改委、省教育厅等部门印发了《河北省绿色建筑创建行动实施方案》，提出探索建立绿色住宅使用者监督机制，探索向购房人提供房屋绿色性能和全装修质量验收的新方法，引导绿色住宅开发建设单位配合购房人做好验房工作。在商品房买卖合同、住宅质量保证书和住宅使用说明书中明确绿色性能和全装修质量相关指标，可以使购房者更加清晰地了解所购房产的质量和性能，避免购房过程中出现信息不对称的情况。同时，对于开发商来说，也能够明确质量保修责任和纠纷处理方式，提高其对绿色建筑质量的重视程度，促进其在绿色建筑市场的发展。

2020 年 10 月，石家庄市出台的《石家庄市绿色建筑专项规划》提出，要强化对绿色建筑建设的监管力度，新建建筑全面执行绿色建筑强制性标准，严格执行《建筑工程绿色施工规范》等文件规定，有关部门强化对施工现场节电、节水和污水、泥浆、扬尘、噪声污染排放管理。另外，规划指出，优化既有建筑能耗监管，推进全面绿色化节能改造和进一步推动既有建筑绿色化节能改造激励政策实施的措施，充分发挥国家财政及市财政补贴资金作用，制定基于节能减排量或综合节能改造面积为基准的奖励标准。对于既有建筑的绿色化改造，政府的引导和市场的主导是至关重要的。政府可以通过制定激励政策和监管制度来促进市场的形成，鼓励企业和个人投资绿色化改造项目，并确保改造的质量和效果。同时，政府还可以加强对市场的监管，规范市场行为，防止不良竞争和投机行为的发生，确保市场运作的有序性和公正性。这样，就可以形成一个良性运作的市场机制，推动既有建筑的绿色化改造向纵深发展。

2021 年 9 月，《雄安新区绿色建筑高质量发展指导意见》提出，要加强绿色建筑全过程管控。通过在国有建设用地使用权出让合同或国有土地划拨决定书中写入相关要求，可以促使开发商在建筑设计、建材选用、施工等全过程中充分考虑绿色建筑标准，提高建筑能效、降低碳排放，提高室内环境质量。同时，建立绿色建筑性能评价制度和绿色物业管理模式，可以为绿色建筑的运营管理提供有效保障和指导，提高绿色建筑的实际运行效果。建立公共建筑能源监控、能耗统计、能源审计和公示制度，可以对公共建筑的能源使用情况进行全面监管和公开透明，激励建筑运营者采取更加有效的能源管理措施，从而实现节能减排的目标。

（三）装配式建筑发展激励措施

为了推动装配式建筑发展，除了政府的政策扶持和监管措施，社会资本和企业也应积极参与和投入，促进绿色建筑和装配式建筑的技术创新、市场推广和应用普及。同时，消费者应该关注及支持绿色建筑及装配式建筑，以更加环保和健康的方式享受居住和生活。河北省出台的有关建筑行业的激励与管控措施，如表5-2 所示。

表5-2 河北省建筑行业的激励与监管措施

	绿色建筑	装配式建筑
激励措施	2019 年 1 月 1 日河北省实施《河北省促进绿色建筑发展条例》鼓励和引导社会资本投资、运营绿色建筑，鼓励支持绿色建筑技术的研究、开发和示范推广，培育市场导向下的绿色建筑技术创新体系，明确对绿色建筑的新技术、新工艺、新材料和新设备的研发费用	2019 年 1 月 1 日河北省实施的《河北省促进绿色建筑发展条例》要求，市、县人民政府应明确城市、镇建设用地范围内装配式建筑的比例，规定了智能供热节能要求和鼓励绿色建筑采用的新技术、新方式

续表

	绿色建筑	装配式建筑
监管措施	①2020年9月河北省住房和城乡建设厅联合省发改委、省教育厅等部门印发的《河北省绿色建筑创建行动实施方案》提出探索建立绿色住宅使用者监督机制 ②2020年10月石家庄市出台的《石家庄市绿色建筑专项规划》提出,要强化对绿色建筑建设的监管力度,新建建筑全面执行绿色建筑强制性标准 ③2021年9月《雄安新区绿色建筑高质量发展指导意见》提出,将绿色建筑等级、能耗和碳排放指标、可再生能源应用、绿色建材、绿色建造等要求纳入,并写入国有建设用地使用权出让合同或国有土地划拨决定书,建立绿色建筑使用者监督、评价和反馈机制	

五、建筑行业取得的成果

在上述政策的激励下,河北省建筑行业在绿色建筑、建筑节能、被动式超低能耗建筑、装配式建筑等方面都取得了新的成效。

(一)绿色建筑创建行动成效明显

河北省建筑领域在绿色低碳转型方面取得了显著成效。民用建筑已全面执行绿色建筑标准,城镇新建绿色建筑的比例达到了98.92%,在全国处于领先地位。各地区认真贯彻实施《河北省促进绿色建筑发展条例》和《河北省绿色建筑创建行动实施方案(2020-2022年)》,在2021年,各市提前一年完成了创建实施方案要求的绿色建筑占比92%的目标。其中,秦皇岛市和辛集市的竣工绿色建筑比例达到了100%。全省城镇累计竣工的绿色建筑面积达到7211.61万平方米,占新建建筑面积的98.76%,在全国处于领先地位。

在雄安新区规划范围内,城镇新建的民用建筑和工业建筑全面执行二星级及以上的绿色建筑标准。政府投资和大型公共建筑的新建项目应全面符合三星级绿色建筑标准。其中,秦皇岛市在2021年的竣工建筑中,高星级绿色建筑的比例达到70%,在新开工建筑中高星级绿色建筑的比例超过82%。石家庄市出台了财政支持政策,加大对具有二星级和三星级运行标识的绿色建筑项目的资金补助。保定市实施了绿色建筑全过程信息化管理,并且该平台荣获了河北省工程勘察设计优秀计算机软件类项目成果奖。

（二）建筑节能水平持续提高

河北省建筑领域积极推进绿色低碳转型，严格执行城镇居住建筑和公共建筑的节能标准，分别为75%和65%。截至2021年，全省城镇新建节能建筑面积达到7302.19万平方米，累计达到8.23亿平方米，占全省城镇民用建筑面积的55.44%。此外，该省建筑行业针对本地情况，推广土壤源热泵、空气源热泵、太阳能光电等技术，大力实施太阳能热水系统与建筑一体化设计和施工。例如，雄安站屋顶分布式光伏发电项目已经开始发电并出售，形成了碳资产全球交易。2021年，河北省新增可再生能源建筑应用面积达到4092.11万平方米，占新增建筑面积的56.04%。政府鼓励持续对具有改造价值的既有建筑项目进行节能改造，2021年，河北省共实施既有建筑节能改造面积达到62.42万平方米。

（三）被动式超低能耗建筑及其相关产业发展向好

河北省大力发展被动式超低能耗建筑是一项重要的能源节约和环境保护措施。河北省在推广被动式超低能耗建筑方面取得了显著成果。2021年，河北省新开工的被动式超低能耗建筑面积达到161.06万平方米，完成了省政府要求的160万平方米目标。河北省累计建设的被动式超低能耗建筑面积已经达到605.71万平方米，处于全国领先水平。此外，河北省还主办了第23届国际被动房大会，进一步推广了被动式建筑节能技术，并展示了河北省在建筑节能领域的雄厚实力。

另外，被动房建设带动了相关产业发展，并促进了建筑行业的转型升级。在河北省，被动房建设带动了建材和设备产业链的形成，同时，也涌现出与被动房建设相关的新技术、新产品、新材料和新设备。目前，被动房建设所需的关键材料，如保温材料、高性能门窗、新风设备和相关配套部件等，在河北省都有生产企业。例如，带高效热回收的新风换气机是被动式超低能耗建筑的基本配置之一，而能源环境一体机则集制冷热和空气过滤功能于一体，是居住建筑的常用选择。目前，我国生产能源环境一体机的厂家并不多，而河北省就有2家。此外，河北省采取相关措施优化产业布局，推动高碑店市建筑节能环保产业集群、大城县绝热节能材料产业集群、沙河市玻璃产业集群等重点产业集群发展。

（四）装配式建筑项目建设成果显著

以《关于加快新型建筑工业化发展的实施意见》及《河北省新型建筑工业化"十四五"规划》为引领，河北省大力推进装配式建筑项目建设，带动建筑业全面转型升级。装配式建筑是一种快速、高效、环保的建筑模式，具有节能、减排、降耗的特点。河北省在大力发展被动式超低能耗建筑的同时，也重点推进装配式建筑的发展。2021年，全省城镇新开工装配式建筑面积超过2700万平方米，占新开工建筑面积的近26%，其中沧州市、定州市、秦皇岛市的新开工装配式建筑面积占比更是高达30%。此外，河北省重点推进钢结构装配式住宅建设，如邢台市金科官邸西苑钢结构住宅建筑面积达到12.82万平方米。为了进一步促进装配式建筑的发展，河北省在2021年新培育了4个省级装配式建筑产业基地，使得全省国家级、省级装配式建筑产业基地分别达到24个、21个。这些产业基地将为装配式建筑产业的发展提供良好的环境和支持，进一步夯实了产业发展的基础。

六、国内及河北省建筑行业政策对比

河北省与其他省份出台的建筑行业的行业政策，存在一些相似之处，例如：设定、执行建筑相关标准；确立建筑业高质量发展总体目标；调整建筑行业产业结构以及能源结构；鼓励推广建筑行业新技术投入与应用；等等。但也存在一些差异，例如：农村既有建筑改造；传统高耗能产业优化；等等。具体分析如表5-3所示。

表5-3　河北省与其他省份建筑行业政策对比

	与其他省份相似之处	与其他省份不同之处
建筑节能的规划和设计	①都制定了绿色建筑相关标准，并划分为不同的等级，根据新建建筑的类型、投资方式的不同来确定建筑的应用等级 ②在绿色建筑新增面积、装配式建筑、应用可再生能源及绿色建筑方面，各省都依据现状，确立了绿色建筑高质量发展的总体目标 ③都在产业结构以及能源结构调整方面做出了规划	在农村绿色建筑发展方面，河北省从引导农村自建住房采用绿色建筑技术及绿色建材等角度来展开的，其他省份则更注重城乡建筑的统筹工作

续表

	与其他省份相似之处	与其他省份不同之处
建筑节能改造与运营	①都对绿色建筑建设中涉及的建设、建立以及施工、销售单位职责做了明确规定 ②都对建筑物所有权人或者使用权人的责任及签署合同的内容做了明确规划 ③在既有建筑绿色改造中，都推广新型建造方式，对于建造标准也都进行了严格规定 ④都鼓励农村个人自建住宅等新建筑参照绿色建筑标准进行建设	其他省份除在建筑业本身建造做了规划之外，对于建筑业设计上下游的高耗能产业的调整也做了规划，如辽宁省、湖北省、陕西省等各地都提出了要优化产业结构，限制高耗能、高污染产业的盲目发展，推动产业向高端化智能化发展
绿色建造技术应用	①都强调结合当地特点，因地制宜，都鼓励可再生能源在绿色建筑中的应用 ②都从推广超低能耗、近零能耗建筑，发展零碳建筑等方面来推进建筑业的高质量发展 ③都鼓励建筑信息模型技术、绿色建材以及新型建筑材料在绿色建筑中的应用 ④都在加大科技研发力度，促进科技成果转化方面做了规划	①供热供暖方面，山东省侧重不同类型的建筑采用不同的供暖体系，河北省则提出发展集中和清洁能源供热，使用智能化供热技术，推进供热系统智能化改造，降低供热能耗，提高供热效率，建立智能供热标准体系 ②江苏省、辽宁省以及山东省等地将水资源的利用等技术作为重点来进行推广，河北省在该方面是相对欠缺的 ③河北省在推广重点工业领域的低碳技术，加快传统产业的调整方面有所欠缺
建筑节能监督	都强调绿色建筑的全过程监督，也都从目标考核，强化信息披露等方面来加强监督	河北省提出了健全绿色住宅使用者监督机制，其他省份在绿色标准及建立评估指标体系方面有所侧重，例如辽宁省从建立评估指标体系以及实施监督信息系统等方面进行监督，湖北省从完善绿色标准和统计监测制度给予监督
建筑节能激励	①都在财政及金融两个方面给予绿色建筑鼓励，其中财政支持包括税收优惠，设置绿色建筑专项资金，金融支持主要包括研究绿色债券、绿色信贷、绿色投资等金融产品和绿色保险，贷款额度上浮等 ②都会在评奖中优先推荐实施绿色建筑标准的企业	河北省还在建筑面积计算时也根据建筑技术给予优惠

通过河北省与各省市在建筑行业的政策对比情况，可以反映出在建筑节能的规划和设计、建筑节能改造与运营、绿色建造技术应用、建筑节能的监督与激励方面既有相似之处，如均进行建筑相关标准的制定与执行、规划调整产业以及能

源结构、出台激励与监督政策等;也存在不同之处,如建筑改造方式和技术等,河北省及各省市因地制宜,从自身情况出发,出台不同政策,推行不同改造技术,大力推动了建筑行业向绿色、生态、科技方向发展。

第二节 河北省建筑行业"双碳"技术 应用情况及对比

一、河北省建筑行业"双碳"技术应用情况

2021 年河北省低碳技术推广目录中提到,河北省建筑业双碳技术主要为减碳类技术,其具体分为节能提效类;原材料替代类、减少类;固体废物综合利用类。除此之外,河北省建筑行业中建筑信息模型(BIM)技术、被动式超低能耗建筑、装配式建筑应用也比较广泛。

(一)节能提效类

节能提效类主要是基于一体化冷凝燃气锅炉的非线性闭环智能供热技术,该技术是将新型燃气锅炉与冷凝回收装置集于一体,减少了冷凝回收装置二次换热造成的能量损失。同时,采用智能化供热控制技术,供热系统热量得到精准投放,实现了高效高质供热。

(二)原材料替代、减少类

原材料替代、减少类主要是高延性冷轧带肋钢筋低碳节能技术,该技术基于冷轧+轧制力前馈的在线热处理工艺技术原理,以普碳钢 Q235 为原料,不添加任何微合金,通过独创高速无头轧制,使钢筋在塑性变形的同时增强位错交互作用,提高位错密度和增大变形抗力,进而提高金属强度,通过中频感应回火热处理促进轧制过程产生的位错和空位的运动,使冷轧作用下出现的亚晶得到恢复,消除内部残余应力,改善钢筋的塑性。

（三）固体废物综合利用类

固体废物综合利用类主要是基于冶金基固废胶凝材料的全固废高性能混凝土制备及应用技术，该技术原材料100%使用工业固体废弃物（铁尾矿、脱硫石膏、冶金渣等）。混凝土的骨料100%采用铁尾矿和废石，并根据"粒级与活性的双重协同优化"原理，利用工业废渣整合胶凝材料，并与高性能减水剂（或超塑化剂）优化配合，完全替代水泥，制备全固废混凝土。涉县清漳水泥制造有限公司100万吨胶凝材料改扩建项目运用了该技术，该项目改建一条100万吨胶凝材料生产线及全固废混凝土生产线，项目年减排量约42.4吨CO_2，碳减排单位成本为90.9元/吨CO_2。

（四）减碳类技术

1. 碳纤维电热线采暖系统

2020年河北省碳技术推广目录中提及减碳类技术包括碳纤维电热线采暖系统在民用建筑中的应用，石家庄市长安区御江景城小区项目建设采用了该技术。石家庄市御江景城项目建有6栋高层和9栋小高层，面积约35万平方米，建筑层数均大于14层，居住建筑节能率75%，居住建筑碳纤维加热线采暖面积约30万平方米，项目总投资3900万元，建设期24个月，年碳减排量约1392吨CO_2。另外，石家庄市医学高等专科学校项目、保定市唐县中山新城生活小区项目、承德市隆华县龙骧南苑、龙骧御府、鸿泰御园等项目也采用了碳纤维电热线采暖系统。

2. 高保温性能围护结构集成技术

高保温性能围护结构集成技术属于减碳类型的一项技术。增强建筑围护结构的保温隔热性能是建筑节能减排的重要手段之一。这种方法是通过在建筑围护结构外部或内部添加保温材料，形成一个隔热层，减少了室内外热量交换，从而降低了建筑能耗。在实际应用中，选择适当的保温材料，施工合理，保证施工质量，还可以延长建筑的使用寿命，提高建筑的舒适性和安全性。除了加装保温材料，建筑还可以采用其他手段增强围护结构的保温隔热性能，如改善窗户和门的密封性能、采用高性能玻璃等隔热材料、增加墙体厚度等。这些手段都可以降低建筑的能耗，提高建筑的节能性能。

3. 模块化户内中水集成系统技术

模块化户内中水集成系统技术是另一项减碳类技术，又名"模块化同层排水节水系统"，最常用的是卫生间模块化户内中水集成系统，目前已在河南省、河北省、山东省、新疆维吾尔自治区、安徽省等多个实际工程中推广应用。

4. 浅层地能和太阳能+多能互补技术

减碳类技术包括浅层地能和太阳能+多能互补技术，这项技术主要运用于户用采暖方面，从 2010 年到 2016 年，河北省 9 市、29 县 1080 余户均采用了"太阳能+多能互补采暖系统"。太阳能光热技术作为一项典型的减碳类技术，在邯郸市、邢台市两市的太阳能建筑应用发展较好、较快，在全省甚至是全国都产生了一定的影响。2014 年 3 月底，邯郸市中心城区的太阳能热水系统建筑应用率已达 96%，全市应用率为 72.3%。这种技术每年可节约 3.82 万吨标煤，减少二氧化碳排放 10.01 万吨，减少二氧化硫排放 324.48 吨，减少氮氧化物排放 282.49吨。经过几年的努力，太阳能光热技术在市区所有新建居住建筑中得到全面应用。市区大部分小区的广场灯、路灯、公共绿地等已安装太阳能电池供电系统。早在 2013 年底，邢台市就已是中国首个"太阳能建筑城"，累计推广太阳能建筑一体化小区 186 个，单体建筑 1290 项，建筑面积 1053 万平方米。市区累计应用太阳能热水器的居住建筑面积 1600 万平方米，占既有居住建筑面积的 70%以上。

（五）建筑信息模型（BIM）技术

建筑信息模型的实施组织方式根据实施主体的不同可以分为三种类型：建设方、参建方、监管方。建设方指负责建设项目的单位，包括政府、企事业单位等。建设方可以通过委托第三方机构或者自行使用 BIM 技术完成项目的建设和管理工作，以达到提高项目质量、降低项目成本的目的。参建方指建设项目中除建设方外的其他参与方，包括勘察、设计、施工、监理和运营维护等单位。参建方可以自行或委托第三方机构应用 BIM 技术，完成自身承担的项目建设内容，以提高工作效率和减少错误率。监管方包括各级建设主管部门及其委托的工程质量监督机构。监管方可以应用 BIM 技术完成对项目的监管工作，以确保项目的质量、安全、进度、成本、环境、节能等方面得到有效的控制和管理。BIM 技术可以应用于建设工程项目的全生命周期，包括勘察、设计、施工、运营维护等各个不同阶段。BIM 技术可以支持对工程质量、安全、进度、成本、环境、节能等方面的模拟、检测及性能分析，可以为项目全过程的科学决策和实施优化提供依据。BIM 技术的应用可以促进建设工程项目的协同管理和信息共享，提高项目建设的质量和效率，降低建设成本和风险。建设以 BIM 技术为基础的数字化中心，对于建筑企业的施工现场智慧管理、企业数据计算分析等方面具有重要意义。

首先，数字化中心可以集中管理各个施工现场的数据，通过 BIM 技术实现对施工现场的实时监测和管理，提高施工现场的效率和安全性。

其次，数字化中心可以通过大数据分析等技术，对企业的数据进行计算分析，帮助企业进行决策和制定战略，提高企业的竞争力和创新能力。

雄东片区 A 单元安置房及配套设施项目施工总承包一标段、容东片区 E 组团安置房及配套设施项目、雄安容东 C 组团安置房项目、邯郸市峰峰矿区中心医院（邯郸第四医院）扩建项目的施工过程中都运用到了建筑信息模型技术，并入选了 BIM 技术应用交流的典型案例。被动式超低能耗建筑俗称"被动房"，其节能效果比当前普遍采用 75% 节能标准的建筑要更优异。河北省一直处于被动式超低能耗住宅建筑领域的领先地位 2013 年，秦皇岛市建成全国第一座被动式超低能耗住宅建筑。2015 年，河北省建成全国第一座被动式超低能耗公共建筑——河北省建筑科技研发中心科研办公楼，该楼与 50% 节能标准的公共建筑相比，该楼比采用 50% 节能标准的公共建筑更为节能。

（六）被动式超低能耗建筑

被动式超低能耗建筑是指利用建筑本身的被动性能，采用节能材料和技术手段，通过精确的设计和施工过程，实现建筑能量利用的最大化，从而达到超低能耗的目标。河北省在被动式超低能耗建筑领域一直处于全国前列。秦皇岛市的全国第一座被动式超低能耗住宅建筑和河北省建筑科技研发中心科研办公楼的建成，标志着河北省在被动式超低能耗建筑领域的技术实力和创新能力已达到国内领先水平。被动式超低能耗建筑相较于当前普遍采用的 75% 节能标准的建筑，具有更好的节能效果。被动式超低能耗建筑在建筑的隔热、通风、采光、节水、节能等方面进行了全方位的考虑和优化，能够实现室内舒适度和能源利用效率的最大化。因此，被动式超低能耗建筑已经成为国内外绿色建筑的重要发展方向，能够为城市的可持续发展和低碳经济的建设做出积极的贡献。

河北省高碑店市列车新城住宅项目是全球规模最大的被动式超低能耗建筑群之一，总规划建筑面积为 120 万平方米。据河北省住房和城乡建设厅相关部门负责人介绍，该项目建成后，与普通居住建筑的 75% 节能标准和公共建筑的 65% 节能标准相比，年供暖可节约 4210.4 吨标准煤，减少二氧化碳排放 10496.3 吨。这不仅可以大大减少能源的消耗，同时也有助于改善区域环境。该项目的建成将为我国被动式超低能耗建筑的发展提供宝贵的经验和借鉴。

（七）装配式建筑

装配式建筑改变了传统建造方式，通过在工厂里预先生产部分部品部件，再在现场进行组合、连接、安装的方式实现建筑的搭建。这种建筑方式具有标准化设计、工厂化生产、装配化施工、一体化装修、信息化管理和智能化应用的特点。从 2016 年起，装配式建筑成为河北省推动新型建筑工业化、促进建筑产业现代化的有力推手，并成为国内推广的重点地区。河北省建筑行业双碳技术应用情况如表 5-4 所示。

表 5-4　河北省建筑行业双碳技术应用情况

	技术应用情况
节能提效类	节能提效类主要是基于一体化冷凝燃气锅炉的非线性闭环智能供热技术，同时采用智能化供热控制技术，供热系统热量得到精准投放，实现了高效高质供热
原材料替代、减少类	原材料替代、减少类主要是高延性冷轧带肋钢筋低碳节能技术，该技术基于冷轧+轧制力前馈在线热处理工艺技术原理，以普碳钢 Q235 为原料，经独创高速无头轧制，使钢筋在塑性变形同时增强位错交互作用
固体废物综合利用类	固体废物综合利用类是基于冶金基固废胶凝材料的全固废高性能混凝土制备及应用技术，根据 "粒级与活性的双重协同优化" 原理，制备全固废混凝土

续表

	技术应用情况
减碳类	①碳纤维电热线采暖系统：石家庄长安区御江景城小区项目建筑碳纤维加热线采暖面积约30万平方米，项目总投资3900万元，建设期24个月，年碳减排量约1392tCO$_2$；石家庄市医学高等专科学校项目、保定市唐县中山新城生活小区项目、承德市隆化县龙骧南苑、龙骧御府、鸿泰御园等项目均采用碳纤维电热线采暖系统 ②高保温性能围护结构集成技术：给建筑围护结构甚至屋面加装一层保温绝热材料以降低能耗是目前成本低、操作简单、效果立竿见影的方法，也是目前建筑实现节能减排的基本要求 ③模块化户内中水集成系统：是最常用的为卫生间模块化户内中水集成系统，目前已在河南省、河北省、山东省、新疆维吾尔自治区、安徽省等多个实际工程中推广应用 ④浅层地能和太阳能+多能互补技术：用于户用采暖方面，2010~2016年河北省9市29县1080余户"太阳能+多能互补采暖系统" ⑤太阳能光热技术：2014年3月底，邯郸市太阳能热水系统建筑应用率已达72.3%，市中心城区达96%。每年可节约3.82万吨标煤，减少二氧化碳排放10.01万吨，减少二氧化硫排放324.48吨，减少氮氧化物排放282.49吨；2013年底，邢台市区累计推广太阳能建筑一体化小区186个，单体建筑1290项，建筑面积1053万平方米。市区累计应用太阳能热水器居住建筑面积1600万平方米，占既有居住建筑70%以上
建筑信息模型（BIM）技术	BIM技术可应用于建设工程项目全生命周期，包含勘察、设计、施工、运营维护等各个不同阶段，支持对工程质量、安全、进度、成本、环境、节能等方面的模拟、检测及性能分析，可为项目全过程的科学决策和实施优化提供依据，雄东片区A单元安置房及配套设施项目施工总承包一标段、容东片区E组团安置房及配套设施项目、雄安容东C组团安置房项目、邯郸市峰峰矿区中心医院（邯郸第四医院）扩建项目的施工过程中都运用到了建筑信息模型技术
被动式超低能耗建筑	①2013年，秦皇岛市建成全国第一座被动式超低能耗住宅建筑 ②2015年，河北省建成全国第一座被动式超低能耗公共建筑：河北省建筑科技研发中心科研办公楼，该楼与50%节能标准的公共建筑相比，年供暖节约224吨左右标准煤，减少二氧化碳排放约596吨 ③河北高碑店列车新城住宅项目是目前全球最大的被动式超低能耗建筑群，总规划建筑面积120万平方米，年供暖可节约4210.4吨标准煤，减少二氧化碳排放10496.3吨
装配式建筑	装配式建筑将梁、柱、墙板等部分部品部件在工厂里预先生产好，运到工地后再进行组合、连接、安装，具有标准化设计、工厂化生产、装配化施工、一体化装修、信息化管理和智能化应用的特点

二、国内其他省市和河北省建筑行业"双碳"技术应用情况的对比

结合第三章内容，将国内其他省份和河北省建筑行业主要应用的一些"双碳"典型技术种类进行简单对比，具体情况如表5-5所示。

表5-5 国内和河北省建筑业各环节双碳技术对比

各环节双碳技术		国内（除河北省）	河北省
上游	相同点	①高保温性能围炉结构集成技术 ②被动式建筑节能技术 ③外墙保温技术	
	不同点	主动式建筑节能技术	高延性冷轧带肋钢筋低碳节能技术
中游	相同点	①模块化户内中水集成系统 ②浅地层能和太阳能+多能互补技术 ③装配式建筑技术	
	不同点	①风光互补并网发电技术 ②细管末端辐射供暖/供冷技术 ③无热桥构造技术 ④建筑遮阳技术 ⑤智能微网技术 ⑥"光储直柔"技术	①太阳能光热技术 ②碳纤维电热线采暖系统技术 ③被动式超低能耗建筑
下游	不同点	①建筑运行能耗等监测与控制技术 ②全热回收新风系统技术 ③热回收技术	①基于一体化冷凝燃气锅炉的非线性闭环智能供热技术和智能化供热控制技术 ②基于冶金基固废胶凝材料的全固废高性能混凝土制备及应用技术
全周期过程	相同点	建筑信息模型技术（BIM）	

可以看出，国内和河北省均已经实现建筑信息模型（BIM）、新型装配式建筑等产品和技术在工程项目的协同作业，这些技术可以应用于勘察、规划与设计、生产、施工、监管与验收、运维与管理等环节。相较于国内其他省份而言，河北省建筑行业在被动式超低能耗建筑、装配式建筑、建筑信息模型（BIM）技术、太阳能光热技术应用、保温材料等方面取得了不错的成果。

第三节 河北省建筑行业生态圈的亮点成果

河北省建筑行业在再生材料、3R建材、装配式建筑、被动式超低能耗建筑、建筑节能、节能门窗、保温材料、太阳能建筑等方面都比较突出。

一、再生材料使用技术突破性发展

河北工专新兴科技服务总公司开发了一种"用建筑材料垃圾夯扩超短异型桩施工"的技术，利用旧房改造、拆迁过程中产生的建筑材料垃圾为填料，形成扩大头的钢筋混凝土短桩。该技术采用配套的减隔振技术，可扩大桩端面积和挤密地基，单桩竖向承载力设计值可达 500～700 千牛。经测算，该技术比其他常用技术节约基础投资 20% 左右。

二、3R 建材使用范围持续扩大

3R（Reduce、Reuse、Recycle）材料又可称为绿色建材。3R 分别为低消耗能材料、可再利用材料、可循环材料，其中，低消耗能材料既包括能量方面的低消耗也包括资源方面的低消耗；可再利用材料是指通过改变特性、用途等进行再利用的废弃物；可循环材料则强调多次的循环利用。

随着经济的快速发展和人民生活水平的日益提高，绿色建筑的发展进入快车道，随之而来的新型绿色建筑材料也进入了高速发展的阶段。为做好新形势下绿色建筑材料研发与应用等工作，提升新型绿色建材的品质，保障绿色建筑的质量和功能，河北省工程勘察设计咨询协会根据行业需求，依托副会长单位、河北省建筑科学研究院有限公司于 2019 年成立了新型绿色建材技术工作委员会。河北省产品质量监督检验研究院等 3 家机构在 2021 年 3 月被国家市场监管总局批准为绿色建材认证机构，国内绿色建材认证机构总数达到 13 家，主要分布在北京市、上海市和河北省。河北省产品质量监督检验研究院成为河北省首家获批认证机构，其认证领域主要包括 16 种门窗幕墙及装饰装修类产品、7 种防水密封及建筑涂料类产品和 9 种给排水及水处理设备类产品。

三、装配式建筑产业发展向好

装配式建筑是将梁、柱、墙板等部分部品部件在工厂里预先生产好，运到工地后进行组合、连接、安装而成的建筑，具有标准化设计、工厂化生产、装配化施工、一体化装修、信息化管理和智能化应用等特点。

2021年，河北省城镇新开工装配式建筑面积2770.37万平方米，占新开工建筑面积的25.85%，为夯实装配式建筑产业发展基础，省住房和城乡建设厅在河北省培育了4个省级装配式建筑产业园，24个全省国家级、21个省级装配式建筑产业基地，进一步夯实产业发展基础。这些基地的打造，为装配式建筑发展起到了有力的支撑作用。同时，河北省还积极推进示范点建设，省住房和城乡建设部认定石家庄市、唐山市等4个区市为国家装配式建筑国家示范城市；认定卢龙县、望都县等为第一批4个装配式建筑示范县，并确定沧州市、唐山市为钢结构装配式住宅建设试点市。截至目前，河北省已颁布实施31部装配式建筑相关标准、规范、图集和定额。

贺祥社区是邯郸市魏县最早的易地扶贫搬迁项目。项目建设中率先采用低层装配式建筑，共建设装配式住房528套71600平方米，搬迁人口4600余人。魏县相关部门还鼓励农村居民建房采用装配式建筑，特别是在扶贫工作中，对自筹资金和投工投料能力极弱的贫困户，需要政府兜底改造的都采用装配式建筑进行改造，起到了积极的示范引领作用。

卢龙县位于河北省东北部，秦皇岛市西部，处于环渤海，环京津两大经济圈的中心地带，县域面积达到961平方千米，总人口43万人，先后荣获国家级园林县城，省级卫生县城、文明县城等称号。自2016年以来，卢龙县连续4年进入全省前30强，该县域内政府投资公共服务设施全部采用装配式建筑。目前已完成游客驿站、城区公厕、警务中心、第五实验小学、法院审判庭等装配式建筑示范项目建设。该县还谋划推进"装配式绿色农房"示范项目的实施，并联合有关单位举办了"京东地区装配式绿色宜居农房研讨会"，完成装配式农房试点燕河营镇北寺村进行选址及初步方案的制定。

2021年3月，邯郸市民乐苑保障性住房项目9号楼的最后一根钢梁吊装就位，标志着这座总建筑高度约93米的全省保障房钢结构第一高楼的主体结构封顶完成，准备进行填充墙砌筑等二次结构施工。民乐苑保障性住房项目是河北省装配式建筑示范项目。该项目总建筑面积 34.3 万平方米，计划总投资 15.15 亿元，拟建设 12 栋装配式高层住宅楼及其他配套公建服务设施。其中，8 号楼、9 号楼是邯郸市首次采用钢结构装配式建设的保障房项目，高度约 93 米，是河北省目前最高的钢结构保障房项目。

2021 年 9 月 27 日，石家庄市长安区首个全装配式住宅小区万科紫郡开始交房。该项目是全市首个采用装配率 50% 标准的 100% 全装配式住宅小区，超过了市政府"非政府投资项目 10% 以上采用装配式建造方式建设"的要求，并第一个应用了竖向承重构件技术。该项目建筑面积 13 万平方米，共 9 栋住宅 1 栋商业，地上最高 25 层，地下 2 层车库，共计 595 户。

四、被动式超低能耗建筑高质量发展

被动式超低能耗建筑是一种环保、节能的建筑形式，具有很高的能源利用效率。其特点在于依靠被动设计策略，例如优秀的保温和气密性能，以最小化的能源消耗实现室内舒适和健康环境。这种建筑形式在全球范围内得到广泛应用，被认为是未来建筑发展的重要方向之一。河北省相关部门近年来积极推动被动房产业的高质量发展，这有助于加速全社会节能减排和大气污染治理。此外，被动房的建设也有助于提高居住者的生活质量，创造更加健康舒适的居住环境。

2013 年，全国第一座被动式超低能耗建筑秦皇岛"在水一方"C 区 15 号住宅楼竣工，与普通居住建筑相比，能够极大程度地节约能源，同时室内空气清新度、温湿度、洁净程度等方面也得到了优化。2015 年，我国第一座被动式超低能耗公共建筑——河北省建筑科技研发中心科研办公楼竣工，相比于普通办公建筑，能够大幅度降低能源消耗并减少二氧化碳排放，同时提供更为舒适的室内环境和更高质量的室内空气。

高碑店市列车新城项目是全球最大的被动式超低能耗建筑群，总建筑面积 120 万平方米。该项目年节约标煤约 4210.4 吨，减少二氧化碳排放约 10496.3 吨，比 75% 居住建筑节能标准和 65% 公共建筑节能标准更为节能和环保。列车新城项目总用地面积 31 万平方米，其中一期用地面积约 13.4 万平方米，地上总建

筑面积约 33.6 万平方米，园区内除商业配套以外，36 栋住宅及 1 所幼儿园约 37 万平方米全部按照被动式超低能耗建筑标准设计。高碑店市国家绿色智慧建筑示范中心内的超低能耗建筑主题馆获得了德国被动房研究院 Passive House Institute（PHI）的设计和建成的认证，成为亚洲区第一个获得 PHI 被动房认证的展陈建筑。该主题馆是集被动式建筑技术展示、交流和培训、办公、试体验和居住等多功能于一体的综合性建筑。

被动式超低能耗建筑的亮点在新型环保建筑材料、建筑产品创新研究以及建筑施工方面也有所体现。

高碑店市有奥润顺达、隆基泰和、强凌防水材料等建材企业，形成了以节能门窗、防水材料、新型水泥、新型墙体材料等产品为主导的产业集群。

在建筑施工方面，国家绿色智慧建筑示范中心内的超低能耗建筑主题馆由龙湖集团承建，龙湖集团建筑设计没有固化在严苛的参数指标层面，而是积极努力，将被动房所要求的抽象的数据指标转化为有识别度的特色建筑。

在园区建设方面，2013 年获国家科技部认定，在高碑店高铁站附近规划建设的"国家建筑节能技术国际创新园"，以国际门窗城为核心，形成了国家门窗幕墙检测中心、门窗幕墙展览交易中心、海关保税仓储物流中心、国家绿色智慧建筑科技体验中心和节能门窗产业基地、超低能耗建筑产业基地、建筑节能产业基地"四中心三基地"的布局。另外，龙湖集团和奥润顺达集团联合打造的高碑店市列车新城，对标德国海德堡列车新城规划设计，植根于绿色智慧海绵城市理念，利用近零能耗建筑技术体系，计划打造一个海绵城市、绿色城市的范例。

五、建筑节能水平实现新提升

建筑节能是在建筑规划、设计、建造以及使用的过程中，通过使用节能材料、执行节能标准等，在保证建筑物使用功能的情况下，降低建筑能源的消耗。

2019 年，迁安市把既有居住建筑节能改造作为一项重要民生工程，对兴安等 6 个小区符合改造条件的 11 栋楼房进行了节能改造，改造面积 5 万平方米。目前，工程已全部竣工验收，440 户居民享受改造成果。石家庄市认真贯彻执行

《河北省促进绿色建筑发展条例》，全面执行绿色建筑标准，严格执行新建居住建筑75%、公共建筑65%的节能标准，将新建建筑节能标准执行率达到100%。作为住房城乡建设部认定的第一批装配式建筑示范城市，石家庄市扎实稳妥推进装配式建筑发展，不断提高装配式建筑占比，大力实施既有居住建筑节能改造，2020年共改造建筑面积354万平方米，三年目标总任务已超额完成，改造后石家庄市的建筑能效水平提升了30%以上。在全省各市的努力下，2021年河北省严格执行城镇居住建筑75%、公共建筑65%节能标准，全省城镇新建节能建筑7302.19万平方米，累计达到8.23亿平方米，占全省城镇民用建筑面积的55.44%，建筑节能水平得到新提升。

六、节能门窗逐步推广使用

节能门窗是指在气密、水密、隔声、保温、隔热等主要物理性能上达到一定标准的门窗产品。保温系数K值是衡量门窗节能效果的重要指标之一。工信部和住建部印发的《促进绿色建材生产和应用行动方案》要求：大力推广节能门窗，实施建筑能效提升工程，发展超低能耗、近零能耗建筑。从技术开发趋势看，复合型门窗将成为被动房用门窗的主流。今后节能门窗行业的发展，将依赖质轻且强度高、耐腐蚀、变型量小、防火性强、使用寿命长、可回收利用且无污染的门窗产品。

2017年9月，河北省住建厅印发的《关于加强全省建筑节能门窗使用管理工作的通知》明确，建筑门窗工程应从"河北省建筑工程材料设备信用平台"中选用符合设计要求的门窗产品。自2017年5月1日起，河北省行政区域内申报施工图设计审查的新建（含改建、扩建）居住建筑，均执行75%节能标准。按照75%节能标准要求，河北省行政区域内申报施工图设计审查的新建（含改建、扩建）居住建筑，应使用传热系数低于2.0瓦/平方米·度的建筑节能外窗。

早在2009年，世界最大节能门窗基地——奥润顺达节能门窗工业园暨中国国际门窗城在河北省高碑店市经济开发区正式开工建设。2021年，"河北奥润顺达高碑店木窗生产线"入选了智能生产线创新服务案例。该案例是开放性UC-

Matic 智能化木窗生产技术系统在奥润顺达墨瑟木窗生产线的应用，特点是"柔性化+自动化"，改变了传统木窗离散型、低效率、以人工操作为主的生产模式，实现了型材从机械手臂上料，端头加工及纵向加工，到机械手下料的自动化。通过采用柔性智能加工模式，既能迅速完成零售散单的生产，也能适应大批量工程订单生产，进而释放了木窗生产线产能，对带动门窗制造业由传统粗放型向节能化、智能化转变具有积极意义。

七、保温材料趋向新发展

保温材料一般指导热系数小于或等于 0.12 的材料，具有密度小、柔韧性高、防火防水等特性，广泛用于节能建筑墙体保温。

2014 年 11 月 19 日，河间市举行了河北省首家保温材料研究中心揭牌仪式。河间市是华北最大的保温材料生产集散地，保温材料产业是该市第三大支柱产业，始于 20 世纪 70 年代，目前保温材料企业 200 余家，规模以上企业 36 家，年总产能 118 万吨，产品销量占全国 60%以上。研究中心的成立，有助于更好地推进行业科技成果转化和产业化，推动以企业为主体、市场为导向、产学研用相结合的技术创新体系建设，为河间市乃至全省保温材料产业转型升级提供技术支持。

当前，我国建筑保温材料，尤其是外墙保温材料，以有机材料为主要成分，其中聚苯乙烯的市场份额达到 90%，而聚氨酯则占据了 10%的市场份额。这些有机类保温材料在隔热性能、力学性能、施工性能等方面都有优异表现。随着外墙保温技术的发展，新技术体系不断涌现。在住房和城乡建设部科技中心修订《外墙保温技术规程》过程中，增加了几种新的外墙保温技术，包括岩棉外保温系统、硬泡聚氨酯外保温系统、预制保温板外保温系统以及挤塑聚苯乙烯板（XPS 板）外保温系统。保温材料行业发展至今，已形成了年产值为 2500 亿元的巨大市场，被动房的强势发展必将刺激保温材料产业更大发展，同时对保温材料提出更高的性能要求。

为消除民用建筑外墙外保温工程安全隐患，提高河北省民用建筑外墙外保温工程质量,防止建筑外墙外保温工程发生火灾,有效保障人民群众生命财产安全,2021 年 5 月,河北省住房和城乡建设厅发布《河北省民用建筑外墙外保温工程统一技术措施》,对推广的技术、产品以及限制使用的外墙保温技术和产品进行了严格界定。要求各项工程质量责任主体要增强民用建筑外墙外保温工程安全质量意识,强化工程质量安全管理,切实履行工程质量安全责任,为社会建造品质优良的合格产品;各地要严格加强外墙外保温工程质量监管,强化施工全过程监管,加大材料质量抽检力度,依法对违法违规行为和责任单位进行处理,这对于确保工程安全具有重要作用。

八、太阳能建筑大规模使用

太阳能建筑是指使用直接获取的太阳能作为首选能源,并利用太阳能供暖和制冷的建筑。在建筑领域中,应用太阳能进行供暖、制冷等可大大减少对电力、煤炭等传统能源的依赖,并且减少了对环境的污染。尤其在年日照时间长、空气质量好、阳光充足而传统能源缺乏的地区,采用太阳能进行供暖和制冷尤为适宜。太阳能建筑的应用目标是利用太阳能满足建筑物的各种能源需求,包括供暖、空调、生活热水、照明、家用电器等方面的能源供给。根据应用技术不同,太阳能建筑应用可以分为两大类,即热利用技术和光伏技术。太阳能光电建筑应用是促进建筑节能的重要内容,是发展绿色建筑的重要技术措施,能够降低化石能源消耗、改善建筑用能结构。

河北省位于太阳能资源二、三类地区,年日照时数大于 2000 小时,辐射总量高于 5020 千焦/平方米·天,属太阳能资源丰富或较丰富地区,具备良好的太阳能光电建筑应用的自然资源条件。河北省南部的邯郸市和邢台市,位于全国三类太阳能资源较为丰富的地区。这两座城市在太阳能建筑应用领域的发展较好、较快,不仅在全省范围内具有示范引领作用,而且在全国范围内也产生了一定的影响。早在 2014 年 3 月底,邯郸市的太阳能热水系统建筑应用率已达 72.3%,应用面积达 1030.14 万平方米,其中市中心城区应用率达 96%,应用面积已达794.32 万平方米。邯郸市每年可节约 3.82 万吨标煤,减少二氧化碳排放 10.01

万吨，减少二氧化硫排放 324.48 吨，减少氮氧化物排放 282.49 吨。这些数据表明，太阳能建筑应用的优势在于能够减少能源消耗和污染物排放，同时提高能源利用效率。通过采用太阳能建筑技术，邯郸市不仅实现了节能减排，还提高了城市整体能源利用水平和环境质量。2020 年 5 月，邯郸市投资近 50 亿元启动了太阳能 "光热+" 综合开发示范项目，旨在打造一个以 "文旅" 为名片，以 "太阳能光热" 利用为核心的可复制的绿色低碳商业综合体，实质性地推进了太阳能光热资源的大规模利用，加速了邯郸市推进碳达峰、碳中和的步伐。

邢台市在太阳能建筑应用方面成果显著，这些成果得益于政府的支持和城市建设部门的推广。邢台市政府通过制定并实施《太阳能建筑城市规划设计指南》，对市区的建筑物进行了全面规划和设计，提高了太阳能应用的整体水平。同时，邢台市建设部门积极推广太阳能热水器在居民家庭的应用，使太阳能热水器成为居民使用的普遍设备。在太阳能建筑方面，邢台市区推广太阳能建筑一体化小区和单体建筑，建筑面积超过 1053 万平方米，其中太阳能热水器应用面积达到 1600 万平方米，占既有居住建筑的 70% 以上。这些应用不仅提高了城市建筑的能源效率，也为市民带来了更加舒适的生活环境。河北省建筑行业生态圈取得的亮点成果，如表 5-6 所示。

表 5-6　河北省建筑行业生态圈的亮点成果

建筑圈亮点	取得的成果
再生材料	再生材料使用技术利用旧房改造、拆迁过程中产生的建筑材料垃圾为填料，形成扩大头的钢筋混凝土短桩。该技术采用配套的减隔振技术，可扩大桩端面积和挤密地基，单桩竖向承载力设计值可达 500~700 千牛。经测算，该技术比其他常用技术节约基础投资 20% 左右
3R 建材	绿色建筑发展进入快车道，河北省工程勘察设计咨询协会于 2019 年成立了新型绿色建材技术工作委员会，国内绿色建材认证机构已达到 13 家，认证范畴主要包括 16 种门窗幕墙及装饰装修类产品、7 种防水密封及建筑涂料类产品和 9 种给排水及水处理设备类产品
装配式建筑	①2021 年，河北省城镇新开工装配式建筑面积 2770.37 万平方米，占新开工建筑面积的 25.85%，培育了 4 个省级装配式建筑产业基地，24 个全省国家级、21 个省级装配式建筑产业基地，同时推进示范点建设并颁布实施 31 部装配式建筑相关标准、规范、图集和定额 ②邯郸市魏县贺祥社区、卢龙县、石家庄市长安区等地区均采用装配式建筑，对已有住宅进行改造，起到了积极的示范引领作用

续表

建筑圈亮点	取得的成果
被动式超低能耗建筑	①2013 年，全国第一座被动式超低能耗建筑秦皇岛市"在水一方" C 区 15 号住宅楼竣工，该建筑每年供暖可节约标煤 44 吨，减少二氧化碳排放 122 吨；2015 年，我国第一座被动式超低能耗公共建筑——河北省建筑科技研发中心科研办公楼竣工，该办公楼年节约标煤约 224 吨，减少二氧化碳排放约 596 吨；高碑店市列车新城项目是全球最大的被动式超低能耗建筑群，该建筑群年供暖可节约 4210.4 吨标准煤，减少二氧化碳排放 10496.3 吨；高碑店市的国家绿色智慧建筑示范中心内的超低能耗建筑主题馆是亚洲地区第一个获得 PHI 被动房认证的展陈建筑 ②高碑店有奥润顺达、隆基泰和、强凌防水材料等建材企业，形成了以节能门窗、防水材料、新型水泥、新型墙体材料等新型环保建筑产品为主导的产业集群 ③国家绿色智慧建筑示范中心内的超低能耗建筑主题馆由龙湖集团承建，将被动房所要求的抽象的数据指标转化为有识别度的特色建筑 ④国家科技部认定规划建设在高碑店高铁站附近的"国家建筑节能技术国际创新园"，形成了国家门窗幕墙检测中心、门窗幕墙展览交易中心、海关保税仓储物流中心、国家绿色智慧建筑科技体验中心等四中心和节能门窗产业基地、超低能耗建筑产业基地、建筑节能产业基地等三基地的布局
建筑节能水平	①2019 年迁安市对兴安等 6 个小区符合改造条件的 11 栋楼房进行了节能改造，改造面积 5 万平方米 ②2020 年共改造建筑面积 354 万平方米，目前三年目标总任务已超额完成，改造后石家庄的建筑能效水平提升了 30%以上 ③2021 年河北省严格执行城镇居住建筑 75%、公共建筑 65%节能标准，全省城镇新建节能建筑 7302.19 万平方米，累计达到 8.23 亿平方米，占全省城镇民用建筑面积的 55.44%
节能门窗	①2009 年，世界最大节能门窗基地奥润顺达节能门窗工业园暨中国国际门窗城在河北省高碑店市经济开发区正式开工建设 ②2021 年"河北奥润顺达高碑店木窗生产线"入选了智能生产线创新服务案例，该案例是开放性 UC-Matic 智能化木窗生产技术系统在奥润顺达墨瑟木窗生产线的应用
保温材料	①2014 年 11 月 19 日河北省首家保温材料研究中心揭牌仪式在河间市举行，河间市目前有保温材料企业 200 余家，规模以上企业 36 家，年总产能 118 万吨，产品销量占全国 60%以上 ②我国建筑用保温材料，特别是外墙外保温用材料以有机材料为主体；这些有机类保温材料在隔热性能、力学性能、施工性能等方面都有优异表现 ③外墙保温技术不断发展，新技术体系不断涌现，保温行业发展至今，已形成了年产值为 2500 亿元的巨大市场 ④各地要严格加强外墙外保温工程质量监管，强化施工全过程监管，加大材料质量抽检力度，提高了河北省民用建筑外墙外保温工程质量
太阳能建筑	①2014 年 3 月底，邯郸市的太阳能热水系统建筑应用率已达 72.3%，共计 1030.14 万平方米，其中市中心城区达 96%，应用面积已达 794.32 万平方米，每年可节约 3.82 万吨标煤，减少二氧化碳排放 10.01 万吨，减少二氧化硫排放 324.48 吨，减少氮氧化物排放 282.49 吨 ②2020 年 5 月，邯郸市投资近 50 亿元启动了太阳能"光热+"综合开示范项目，加快了邯郸市推进碳达峰、碳中和的步伐 ③2013 年底，邢台市区累计推广太阳能建筑一体化小区 186 个，单体建筑 1290 项，建筑面积 1053 万平方米。市区累计应用太阳能热水器的居住建筑面积 1600 万平方米，占既有居住建筑面积的 70%以上

第四节 河北省建筑行业生态圈痛点

装配式建筑和被动式超低能耗建筑等新型建筑工业化形式的发展，是应对当前城市化快速发展、环境保护和资源节约等社会需求的一种趋势。但同时也面临一些难点和痛点问题，需要进一步加强技术研发和产业协同发展。针对装配式建筑存在的问题，需要进一步完善设计、生产和施工技术体系，提高建筑品质和装配效率，避免"不装配"的情况发生。同时，需要加强下游市场建设，拓展应用领域，推动装配式建筑的规模化应用。针对被动式超低能耗建筑存在的问题，需要进一步提高整体性设计和系统性设计水平，确保建筑能够真正实现节能减排、环保节能的目标。此外，需要加强技术创新和产业协同发展，推动被动式超低能耗建筑在市场上的应用和推广。总的来说，新型建筑工业化的发展还需要进一步提高技术水平和产业协同发展，以实现更加高效、环保、节能的建筑形态和建筑工艺，为城市化快速发展提供更加优质、可持续的建筑资源。

一、建筑项目执行能力有待提升

从 2021 年重点抽查廊坊市、保定市、定州市 3 市的建筑节能、绿色建筑和装配式建筑管理工作、实地查验在建的 30 个民用建筑项目以及各市自查总结报告反映的情况看，主要存在以下问题：

（一）市场主体责任落实不到位

市场主体责任落实还不够到位，有的设计单位设计深度不够、内容不全，节能计算存在偏差等；有的施工单位没有编制或者未能严格执行专项施工方案，对进场材料把关不严，检测报告存在不合规情况等；有的监理单位未能履行职责，管控工作针对性、有效性不强等。

（二）管理工作水平有待提升

管理工作水平尚需提高，某些地方和部门对工作的重视程度不足，主动性不强，措施偏软，重点工作完成情况不平衡，工作亮点还不突出；有的监管职责不明晰，监管方式落后，人员素质能力水平不高，宣传引导工作尚需加强。

二、装配式建筑优势发挥不充分

（一）装配式建筑产业上下游协同度低

从装配式建筑发展的现状看，上游产能较强，下游市场尚未充分释放。现在河北省的装配式建筑主要应用于工业建筑、公共建筑、商品住宅的附属楼栋以及一些保障房项目。省绿色建筑发展中心（省建筑产业现代化促进中心）主任指出，装配式建筑的发展目前主要依赖政府政策引导，而未完全走向市场，主要是因为装配式建筑的综合成本较高，协同度低，行业优势发挥不充分。

（二）装配式建筑建造成本较高

河北省内长期从事房地产研究的业内人士的看法，在一定程度上反映了装配式建筑在市场推广方面存在的一些难点和问题。价格和协同度是影响装配式建筑规模化发展的重要因素，高成本和缺乏标准化设计会影响市场的需求及开发商的投入。此外，定制化生产也使生产成本较高，而缺乏通用的模具则影响了生产的效率。这些问题需要通过技术创新、标准化设计以及政府和市场的协同作用来解决。

（三）装配式建筑技术与管理有待改进

装配式建筑的设计、生产、施工等各个环节都需要高效的协同才能发挥出其优势。采用工程总承包的方式可以整合各方资源，协调各个环节，提高效率。此外，培养高素质的产业工人也非常重要，他们不仅需要掌握传统的建筑工艺，还需要熟练掌握装配式建筑的生产和施工技术。

三、超低能耗建筑产业发展不完善

从保定市被动式超低能耗建筑的发展情况看，主要存在以下三个方面的问题：

（一）产业链较短，核心技术有待突破

纵观保定市被动房产业发展全链条，可以发现，被动式低能耗建筑产业技术创新战略联盟列出的四类部件中，保定市在产业链条里的优势部分集中在门窗类产品上。区域内的高碑店市节能门窗产业特色突出，高碑店市经济开发区拥有全球唯一的门窗博物馆，世界最大的节能门窗工业园、亚洲最大的国际门窗展览交易城和河北省唯一的国家级门窗幕墙专业检测机构，代表企业奥润顺达集团是行业内唯一的高新技术企业，也是节能门窗国家标准主编单位。但奥润顺达主要涉足领域仍然在外门窗产品上，其中技术攻关要求相对较高的外围护门窗洞口的密封材料和玻璃间隔条等产品仍有赖从德国和海内外其他区域引进，核心部件技术亟待突破掌握。而屋面和外墙用防水材料、保温材料、预压膨胀密封带等相关材料、新风和空调设备以及抽油烟机等其他配件产品上，保定市区域内企业涉足较少，尚处于起步阶段。由此可见，保定方面区域内被动式低能耗相关产业发展链条相对短，且龙头企业在产业流程中并未占据附加值和品牌溢价最强的位置，相关链条价值仍有待深入挖掘。

（二）平台多玩家良性竞争氛围有待形成

在目前保定市已有的产业格局下，无论是节能门窗业态还是当前保定市规划建造或已经建成的被动房项目的开发主体，都呈现出了一家独大的局面，参与玩家比较单一，不利于区域内形成产业创新氛围。事实上，国内传统的房地产企业在建筑工程方面具有丰富的经验，对于完成被动房的装配环节没有技术上的障碍。除了已经合作过的龙湖地产，万科、保利、中海地产、方兴地产、绿城集团、中信地产等公司也拥有被动房建设的技术实力，多方实力的注入将极大地提升效率，带来新的经济增长点。由此，保定市在被动房相关产业的发展中有待形成一个更为良性的发展机制——在共同的产业平台下，各领域多家争鸣从而实现良性竞争的正向发展格局。

（三）产业追随者到行业标准引领者尚有距离

如前所述，被动房的产业链中方案设计、建材研发和验收认证都涉及相关标准的制定,对产业内工业体系的成熟度和系统性创新力考验颇多。当前的客观情况是,被动房作为一种外来引进技术,主要由德国被动房研究所、德国能源署、中国住建部等机构指导和认证,采用的标准多以德国的经验为主,本土标准亟待建立。

四、保温材料性能与节能冲突

从保温材料的发展看,开裂、空鼓、脱落,保温却不阻燃,阻燃又不能满足节能建筑保温要求,已成为外墙保温行业的三大痛点。

(一)保温砂浆质量存在隐患

保温砂浆的现场混合搅拌确实存在一些隐患,而且在一些情况下可能会导致质量问题和安全隐患。对于保温砂浆脱落、开裂、渗水、空鼓等常见问题,需要采取措施进行预防和解决,确保建筑质量和安全。

(二)保温岩棉环保效果差

岩棉保温材料的性能稳定、防火性好、安全可靠,因此在建筑领域得到了广泛应用,但其生产确实需要大量的能源和原材料,同时会产生一定程度的环境污染。为了解决环境问题,相关企业已经在不断改进生产工艺和技术,加大投入力度,推出更加环保的产品,以减少对环境的影响,但最终导致成本骤增,不利于推广。

(三)普通保温岩棉存在质量与安全隐患

普通保温岩棉存在一些质量与安全隐患,如抗拉强度低、湿热条件下尺寸不稳定、空鼓脱落等问题,这些缺点会对建筑物的保温效果和安全性造成影响。此外,岩棉裸板纤维与纤维之间存在连通空气,在热胀冷缩和负风压作用下,容易发生蓬松、鼓胀等情况。对于 XPS 聚苯乙烯挤塑板等有机材料,由于在多起火灾中成为"帮凶",引发了业内的禁用呼声。因此,在选择保温材料时,需要权衡各种因素,包括保温效果、环保性、安全性、成本等,综合考虑后做出选择。

五、绿色建材推广受阻

绿色建材在建筑节能、环境保护等方面具有很大的优势。然而，在农村地区推广绿色建材还面临着许多挑战。

一是农民对绿色建材的了解程度较低，这影响了其推广和应用。因此，需要加强对绿色建材的宣传工作，让农民了解绿色建材的概念和优势。传统上，中国的建筑主要采用黏土等传统建材，这在人们心中留下了深刻的印象。近年来，随着对绿色建材的研究和应用不断深入，人们的观念正在发生变化。然而，当前对绿色建材的宣传主要集中在城市，大多数农民还没有接触到绿色建材的相关知识。

二是绿色建材的成本略高，大面积推广较难。

三是绿色建材在农村缺乏示范工程，在农村资金比较缺乏，农民不能直观了解绿色建材的优势，不愿使用绿色建材。

河北省建筑行业生态圈痛点及改进措施如表5-7所示。

表5-7　河北省建筑行业生态圈痛点及改进措施

	存在痛点	改进措施
建筑项目执行	①市场主体责任落实还不够到位 ②工作水平有待进一步提升，主动性不强，措施偏软，重点工作完成情况不平衡 ③宣传引导工作尚需加强	①提高建筑节能、绿色建筑的管理工作水平，强化工作谋划、强化履职尽责、强化工作协同、强化系统观念，履职尽责以及工作协同 ②厘清部门和单位监管职责，加大监督检查力度，建立健全信用奖惩机制，加强法律法规、政策标准和业务知识的学习、培训和考核，不断提高行业监管能力
装配式建筑	①上游产能较强，下游市场尚未充分释放 ②装配式建筑发展以政府政策引导为主，尚未完全走向市场；综合成本较高，协同度低，行业优势发挥不充分 ③建筑使用的装配式部品部件多为定制化生产，模具成本占了很大比例，装配式住宅的户型设计上各有特点，目前无法做到标准化，模具不能通用，周转率低 ④部分装配式建筑企业仍用传统工艺和管理模式，无法高效协同	①各地应重点做好装配式建筑产业发展规划，合理布局产业基地，实现市场供需基本平衡 ②依靠创新等多渠道降本增效

续表

	存在痛点	改进措施
被动式超低能耗建筑	①产业链较短，核心技术有待突破 ②平台多玩家良性竞争氛围有待形成 ③从产业追随者到行业标准引领者尚有距离	①建立行业联盟，进行信息共享，促进被动式超低能耗建筑上下游产业链联动发展 ②建立健全良性的发展机制，在共同的产业平台下，各领域多玩家争鸣，实现良性竞争的正向发展格局
保温材料	①保温砂浆脱落、开裂、渗水、空鼓 ②普通保温岩棉抗拉强度低，在热胀冷缩和负风压作用下极易蓬松、空鼓、脱落；保温岩棉，阻燃又不能满足节能建筑保温要求 ③XPS聚苯乙烯挤塑板等有机材料，保温却不阻燃	全面准确完整贯彻新发展理念，以提质增效、减少排放为着力点，强化系统观念，实施建筑节能提标行动，大力推进绿色建材的使用，提高绿色建材的使用比例
绿色建材	①绿色建材在农村认知度较低，阻碍其发展，需要提高绿色建材的宣传力度，增强居民的使用意愿 ②绿色建材的成本略高，大面积推广较难 ③绿色建材在农村缺乏示范工程	①实施建筑节能提标行动，大力发展绿色建筑，扎实推进既有建筑节能改造，加大可再生能源建筑应用力度 ②加强宣传和推广，坚持日常宣传与集中宣传相结合、传统媒体与新媒体相结合，构建多渠道全方位的宣传格局；通过介绍绿色建材在农村地区的应用案例，让更多的人了解绿色建材的优势

第五节 本章小结

本章主要介绍了河北省及各省市在推动建筑业绿色转型的政策、双碳技术的应用情况、亮点成果以及目前建筑行业生态圈的重点，旨在了解河北省建筑行业生态圈的现状，为实现建筑行业绿色发展提供切实可行的建议。

近年来，我国政府在建筑行业的规划设计、运营改造与技术发展、激励与监管措施等方面出台了相关的政策，目的在于大力发展绿色建筑，推动建筑业转型升级。在政策的激励下，河北省在建筑节能、装配式建筑、超低能耗建筑方面取得了不小成绩。在建筑节能领域成效显著，民用建筑全面执行绿色建筑标准，绿色建筑占比处于全国第一梯队，同时严格执行建筑节能标准，推进土壤源热泵、空气源热泵、太阳能光电等技术在节能建筑中的使用；装配式建筑项目建设大力发展，装配式建筑产业基地逐步扩大；被动式超低能耗建筑建设规模处于全国领先水平，与其相关的新技术、新产品、新材料、新设备不断涌现，相关产业发展向好，推动了整个建筑行业的转型升级。此外，河北省在3R建材、再生材料、保温材料、太阳能建筑等方面卓有成效。

但在建筑业转型升级的过程中也面临一些问题，例如，绿色建筑成本较高、宣传不到位；装配式建筑综合成本高、协同度低，行业优势发挥不充分、核心技术尚未突破；被动式超低能耗建筑产业链条相对较短，平台多玩家的良性竞争氛围有待形成、行业标准不统一等。

基于建筑业发展现状，河北省需从以下几个方面进行破局，从而推动建筑业的转型升级：

第一，从工作机制建设方面看，河北省应切实加强组织领导和统筹协调，充分发挥建筑行业示范工程的引领和带动作用。积极推广被动式超低能耗建筑和装配式建筑，切实推进既有建筑节能改造；在建筑节能、绿色建筑的管理工作中，要强化工作谋划、强化履职尽责、强化工作协同，实施建筑节能提标行动，大力发展绿色建筑；在发展装配式建筑的过程中，重点做好装配式建筑产业发展规划，依靠创新等多渠道降本增效，建立行业联盟，通过将装配式建筑产业链中的开发、设计、施工、部品生产、材料、监理、造价等相关企业集成起来，进行信息共享，促进上下游产业链的联动发展，从而降低建筑工程的重复建设率，节约资源和环保。

第二，从全过程低碳建造体系方面看，要建立标准及认证体系和规范设计流程，推动绿色建筑全过程相关标准制定与完善，推广装配式建筑设计。除此之外，加大绿色建材研发投入，规模化推广绿色建材应用，提高装配式建筑施工水平，实现低碳运行和再生回收，并且依照法规进一步厘清部门和单位监管职责，加强法律法规、政策标准和业务知识的学习、培训和考核，加大监督检查力度，建立健全信用奖惩机制，对存在严重违法违规行为予以公开曝光，不断提高行业监管能力。

第三，从数字化智能协作体系建设角度看，推动全要素数字化、平台信息共享化及数字管理全程化、智能化，推动和完善建筑行业数字化平台的建设，实现建筑建造过程中各主体间信息共享。

第四，从保障支撑体系建设角度看，加强科技、政策、人才支撑的同时，坚持日常宣传与集中宣传相结合、传统媒体与新媒体相结合、理论与应用案例相结合，构建多渠道全方位的宣传格局，大力营造推进工作的良好氛围。

第六章　河北省建筑行业绿色低碳转型的战略布局

在建筑领域，绿色建筑、低碳建筑等新概念逐渐发展起来。与传统建筑相比，绿色建筑和低碳建筑的内涵属于可持续发展建筑的范畴。本章提出推动建筑行业绿色低碳转型的战略布局，即实现建筑的低能耗、低排放。大力发展绿色低碳建筑是传统建筑业迈向现代化的必然选择，是实现建筑业节能减排任务的重要途径。

本章从分析河北省建筑行业绿色低碳转型过程中的制约因素和不足出发，构建了河北省建筑行业绿色低碳转型的战略布局。首先从建筑行业绿色低碳评价体系、低碳发展模式和智慧转型三方面构建战略布局；其次从健全推广行业标准与认证体系、拓宽绿色建筑融资渠道与服务、加快绿色低碳技术研发与应用三方面提出战略实施的政策建议；最后从优化产业生态圈治理体系与机制、完善农村低碳转型的监督和激励机制、增强节能低碳意识和执行力三方面阐述转型战略实施的保障措施。本章从全方位、多角度、多层次视角明晰战略布局的总体构成、政策建议以及保障措施，旨在推动河北省建筑行业绿色低碳转型顺利实行。

第一节 河北省建筑行业绿色低碳转型 过程中的制约因素和不足

通过对河北省建筑行业生态圈五项痛点的分析发现，可以从空间、时间、建筑物和标准四个维度，分析行业绿色低碳转型过程中的制约因素和不足。具体表现为：

一、空间维度：城乡绿色低碳转型进展不均衡

河北省建筑行业的低碳转型进程呈现城市发展快、农村进展慢的特点。农村虽然也有近零能耗建筑的产业发展布局，但整体规模较小。受传统生活习惯影响，农村生产生活过度依赖传统建筑，农村居民对绿色建材和建筑的消费能力不足，接受意愿不强，农村建筑绿色低碳转型阻力较大。

二、时间维度：产业链绿色低碳转型协同度低

河北省绿色建材、绿色建筑增速放缓趋势明显，上游产能过剩且难以被下游稀释，产业链条衔接不够紧密。产业间协同度不高，绿色建筑相关需求带动产业发展的机制不健全，难以规模化发展。建筑行业数字化程度较低，在建筑全生命周期中应用有限。行业内缺乏信息共享导致上下游信息不对称，"数据孤岛"现象普遍存在。

三、建筑物维度：建筑主体执行绿色低碳战略的深度欠佳

受资金、管理和技术等多方面的制约，河北省建筑主体执行绿色低碳战略深度欠佳。绿色建造成本相对较高，绿色项目建设依赖政府补贴，金融机构支撑力度不够，房地产开发商资金缺口大，建造动力明显不足。绿色建造需借助社会各

主体力量将宏观决策转化为微观动力,但推动社会各主体参与的机制目前明显不足。现有技术开发不足、应用成本高成为制约绿色低碳技术发展的关键因素。

四、标准维度:节能绿色低碳标准体系和认证制度有待完善

河北省绿色建筑起步晚、实践经验少、基础数据不足,缺乏针对性强、可行性高的绿色低碳建筑评价标准和实施细则。部分标准和认证制度与国际标准脱节,亟须制定符合本区域实际需要、接轨国际的绿色低碳新标准。

第二节 建筑行业绿色低碳转型战略布局的构成

党的二十大报告指出,"实现碳达峰碳中和是一场广泛而深刻的经济社会系统性变革",需要推进工业、建筑、交通等领域清洁低碳转型,这为各省市、相关行业发展绿色低碳指明了方向。河北省建筑行业应抓住机遇,响应时代号召,以标准和认证为依托,构建可依信的建筑行业绿色低碳评价体系;以多主体协同为核心,形成多元化的建筑行业低碳发展模式;以数字技术为助力,加速全生命周期的建筑行业绿色智慧转型。

一、构建建筑行业绿色低碳评价体系

以标准和认证为依托,构建可依信的建筑行业绿色低碳评价体系。基于河北省被动式超低能耗建筑、近零能耗建筑和可再生能源建筑等方面的领先优势,广泛借鉴国内外先进地区的发展经验,紧跟京津冀协同发展和雄安新区建设需要,不断完善河北省绿色低碳建筑的标准体系,全力推进京津冀协同发展标准编制工作。

一是加快绿色建筑标准的制定,建立地方标准体系,以适应不同区域及不同类型的建筑特点。完善相关法律法规,对建筑节能、节地、节水、节材及环境保护做出要求，增加奖惩条文。加大强制执行新建建筑节能标准力度，政府设施首先采用绿色建筑标准，起到引领示范作用。

二是建立健全支持碳达峰碳中和的标准计量体系。严格落实能耗限额、产品设备能效、国家标准和工程建设标准以及能源核算、检测认证、评估、审计等配套标准。落实地区、行业、企业、产品等碳排放核查核算报告标准，实施统一规范的碳核算体系。在国家绿色标准体系的基础上，建立和完善河北省标准体系，鼓励并支持企业、社会团体等组织主导或参与国家标准、行业标准的制定、修订工作。

三是借鉴发达国家碳排放经验，健全省内碳市场标准体系。以欧盟等国家在碳排放交易市场运行过程中的管理经验为基础，加快建设省内碳排放交易市场，完善碳定价制度，建立起完善的总量设定与配额分配的方法体系，兼顾区域差异和行业差异。在配套管理方面，进一步完善碳交易注册登记制度、碳交易平台建设、碳交易标准制度等。重视碳市场覆盖范围外的部门减排目标设定、减排目标责任制、建筑减碳政策等的协调。

基于被动式超低能耗居住建筑的发展经验，抓住大力发展绿色建筑、近零能耗建筑和可再生能源建筑的契机，进一步完善既有建筑的能效测评和分级分类管理标准，健全居住、公用等各类建筑的节能设计标准体系，在既有建筑节能及绿色化改造、装配式建筑、超低能耗建筑、近零能耗建筑、星级绿色建筑、建筑可再生能源应用、建筑垃圾资源化利用、保障性租赁住房、地下停车设施、民用建筑节水设计标准等领域制定相关标准或规范性文件基础上，充分发挥标准基础性和引领性作用。此外，科学确定建设规模，控制新增建设用地过快增长，建设高品质绿色建筑，进一步提高新建建筑节能水平，加强建筑运行管理。加快"零碳建筑技术标准"建设，提升建筑节能标准，推动建筑节能工作逐步迈向能耗、碳排放总量和强度"双控"。

进一步推动绿色建材评价标识管理工作，完善绿色建材评价标准，推动绿色建材产品认证及推广应用。

一是建设绿色建材评价信息平台，加速推进河北省绿色建材的认证及推广。

通过互联网平台的便捷性提供一站式服务，引导更多的绿色建材生产企业便捷进行产品认证，大大提高认证效率。运用大数据，建立不同类型建筑内部空间适宜的建材产品数据库，强化绿色建材信息化管理。同时，在平台上宣传普及绿色建材相关政策和技术，强化公众的绿色生产和消费理念。

二是建立系统科学、开放融合、指标先进、权威统一的绿色产品标准、认证、标识体系，实现一类产品、一个标准、一个清单、一次认证、一个标识的体系整合目标。在全省范围内形成并推广统一、科学、完备、有效的绿色建材产品标准、认证、标识体系，积极稳妥地推动绿色建材评价向统一的绿色产品认证转变。

三是推动绿色低碳建造及绿色建材发展。开展绿色建材评价标识工作，加大绿色建材推广应用力度，鼓励建设项目优先使用获得绿色评价标识的绿色建材。建设一批绿色建材推广应用示范工程。探索"新型建材+互联网"新模式、新业态，构建产业互联新体系。

二、形成建筑行业低碳发展模式

以多主体协同为核心，形成多元化的建筑行业低碳发展模式。充分利用政府在政策鼓励、检查强化、补贴激励等方面的主导作用，协同金融机构、专业机构、建筑物业主等多方主体的力量，形成"引导力+支持力+监督力""三力"并举的多元化绿色低碳发展模式。

政府应优化直接奖励或补助的财政政策，引导社会资本、企业、高校及科研机构等各类主体加大研发投入。

一是健全投资政策，将碳达峰碳中和有关要求融入到投融资政策体系中，积极争取中央有关资金、规划、政策支持，加大对节能环保、新能源、低碳交通运输装备和组织方式、碳捕集利用与封存等项目的投融资支持力度。

二是健全支持社会资本参与政策，激发市场主体绿色低碳投资活力，完善有关支持政策。各级财政要加大对碳达峰碳中和重大行动、重大示范、重大工程的支持力度，支持绿色低碳产业发展及节能减碳和高效新能源项目实施、技术研发等。支持高等院校、研发机构和企业研究开发绿色建筑新技术、新工艺、新材料和新设备，其研发和成果转化等按照国家规定享受税收优惠。

三是建立健全政府绿色低碳采购政策，加大绿色低碳产品采购力度。根据绿色建筑实现的节能收益探索成立绿色建筑节能基金，包括风险补偿基金和担保基金等，目的是为绿色建筑主体融资提供担保和贴息；鼓励通过容积率奖励、财政补贴、税收等手段形成倾斜性政策及激励制度，从而充分发挥财政资金的杠杆作用，引导更多社会资本进入绿色建筑领域；在绿色建筑消费端，可采取契税优惠、财政奖励、适当放开购房限制等措施刺激消费者需求。

金融机构要优化金融资源的合理配置，强化建筑全生命周期的绿色金融支持，将建筑行业纳入碳交易体系，健全碳汇补偿和交易机制，加快培育碳减排服务业，尽快形成建筑行业碳交易市场。

一是完善绿色金融标准，以低碳标准体系和绿色金融标准体系为基础构建低碳建筑投融资标准体系，尽快建立低碳建筑项目认定标准，搭建项目专项数据库。加快研究制定低碳建筑债券标准，补充完善《绿色债券支持项目目录》和《绿色产业指导目录》，引导社会资本流向低碳建筑相关经济活动。

二是探索开展碳排放权抵押贷款、碳排放配额交易抵押贷款等绿色信贷业务，引导金融机构探索设立市场化的碳基金。加强对国家自主贡献重点低碳项目和地方低碳试点工作的金融政策支持，有效利用再贷款、再贴现等政策工具支持低碳建筑投融资地方试点，鼓励地方制定投资负面清单抑制高碳投资。借助互联网、大数据等技术建立河北省低碳项目投融资综合信息平台，一站式发布投融资政策、市场相关信息。

三是金融机构可灵活设计与绿色建筑相关环节、相关主体等融资需求相匹配的金融创新产品和服务，同时创新开发与绿色建筑等级挂钩的差别化信贷产品和服务。对于绿色建筑开发，可以针对绿色建筑开发商、施工企业、绿色建筑材料商、绿色建筑设备供应商等推出绿色建筑供应链融资产品，创新推广合同能源管理未来收益权质押融资模式。对于绿色建筑按揭贷款，推动金融机构根据绿色建筑星级在贷款额度、首付款比例、贷款利率、贷款流程等方面给予优惠和倾斜。

尝试探索绿色建筑证券化产品，扩大绿色建筑债券的发行规模，丰富绿色建筑保险品种体系形成绿色信贷、绿色债券、绿色保险等金融融资工具的联动。

支持社会资本、各级相关产业投资基金积极参与绿色建筑的发展，成为绿色建筑技术创新决策、研发投入、科研组织和成果转化的主体，实现绿色建筑高质量、可持续发展目标，探索绿色建筑市场化创新发展模式，引领绿色建筑行业的提质升级、互融互通和协同发展。省属企业要加大绿色低碳投资，积极开展低碳零碳负碳技术研发应用。在建筑项目管理方面，建立低碳PPP（社会资本合作）项目白名单机制。纳入白名单的低碳项目优先上报，优先入库。项目类型可涵盖但不限于垃圾分类回收利用、园区节能降碳工程、先进绿色建筑，建材循环利用、老旧供热管网改造等项目，以及通过区域协同和产业协同实现资源综合利用、循环利用、固废综合使用的项目。在回报机制方面，积极鼓励社会资本积极挖掘项目的碳指标交易收入，探索PPP（政府与社会资本合作）财政资金补助挂钩碳减排指标激励体系。在绩效考核方面，可尝试在低碳项目的绩效考核体系中加入清洁材料运用、清洁能源使用、低碳管理、减碳指标等绿色发展的指标体系，加强对社会资本的低碳管理约束。

高校、合同能源管理公司等专业机构要主动打造原始创新策源地，突破关键核心技术，开展综合应用示范。突破关键技术是实现建筑业节能减碳的重要一环，高校、合同能源管理公司等专业机构应积极建设相关研究中心、应用中心，对"双碳"目标重大战略决策全面实施与实践快速响应并付诸行动。

第一，各专业机构应通力合作，围绕"双碳"目标，加强建筑领域温室气体排放评估、核算等基础性研究，做好现有技术的梳理整合，利用跨行业新技术和工业废料加快一体化节能墙板研发工作。同时，对标国际标准，攻克建筑领域节能减碳重大关键技术，为推动整个产业上下游的低碳发展提供支撑。

第二，高校及科研院所等专业机构在低碳建筑方面的研究要加大对节能工作的研究力度，加强新型墙体外保温、建筑外遮阳、建筑用能电气化、高比例可再生能源应用、直接电采暖、光储直柔等技术和稳定高效的光伏新材料、建筑分布式光伏能源系统的研究，在技术自身过硬、兼容性强、能适用于整个建筑领域的前提下，要加快新技术示范基地建设，及时编写新技术标准，并积极将新技术融合到现有技术体系中一同参与重点工程的建设。

第三，研发机构与企业、高校之间要加强合作，加快低碳建筑技术的研发与运用，引导新能源在建筑领域的应用，发展"光伏+建筑"一体化技术。提高社会建筑存量中低排放或零排放建筑的比例，对存量住宅、存量公共建筑进行节能低碳改造，建设示范型零能耗建筑，确保所有的新建建筑都是低耗甚至零耗。

建筑业主应积极参与绿色低碳创建活动，从用户角度倒逼建筑行业绿色低碳转型。建筑业主应该秉持绿色发展理念，加强个人对碳金融的了解，践行绿色低碳生活理念，减少家庭层面的碳排放总量，助力"双碳"目标的顺利实现。在建筑装饰装修过程中，通过加强施工设计，贯彻低碳设计理念，严格落实低碳施工管理制度，重视产业结构和能源利用的创新，逐渐减少装饰装修过程中的能源消耗，降低建筑工程对周边环境的影响，从而促进建筑工程经济效益和社会效益相统一。除此之外，各建筑业主要坚持低碳环保理念作为基本思想，重视对资源的节约，加强环境健康管控，采用新型环保技术和材料，降低能源消耗，从而提升低碳节能效益，才能进一步降低建筑能耗，提升建筑工程社会效益，从用户角度倒逼建筑行业低碳转型。

三、加速建筑行业绿色智慧转型

以数字技术为助力，加速全生命周期的建筑行业绿色智慧转型。数字建筑是新一代信息技术、先进制造理念与建筑业全链条全周期全要素间深度融合的产物，是提升建造水平和建筑品质、助推建筑业转型升级的重要引擎。随着科学技术的发展，以数字化、网络化、智能化为技术支撑的信息化浪潮蓬勃兴起。其中，数字化作为数据采集和积累的核心，也将赋能绿色建筑、节能建筑，树立建筑行业新风向。实现建筑行业绿色转型主要通过以下四种途径：

（一）构建建筑行业全要素数字模型

首先，通过 BIM 技术，让工程的设计、建造、管理都变得数据化、可视化，将施工现场实际数据与三维模型进行关联，在模型中直观呈现现场的生产、技术、质量、安全、商务等业务管理数据，以及人、机、料、法、环等生产要素数据，实现虚拟模型与实际建筑的虚实结合。

其次，通过数字孪生、数字模拟方式同步优化建筑设计，让设计和现实环境情况更加契合，让建筑融入到环境中。而在建筑管理过程中，通过数字技术，让建筑施工管理更加有效。

最后，对数字模型贯穿全生命周期的建筑数据进行分析及复用，深度挖掘建筑全生命周期的数据价值，在建筑工程管理中实时变化调整，准确调用各类相关数据，以提升决策质量，加快决策进度，从而降低项目管控成本、保障项目质量，达到提升效益的目的，最终实现以数据为驱动的数字化建造业务模式。

（二）搭建建筑行业数字化平台

首先，鼓励利用城市信息模型（CIM）基础平台，建立城市智慧能源管理服务系统，为实现建筑业产业链上下游深度连接以及实现精准供需对接，在提升产业链供应对接能力的同时，为培育出可持续性与创新性的产业业态奠定基础。

其次，推动互联网、大数据、人工智能、先进制造与建筑节能和绿色建筑的深度融合，在运用数字化的基础上，进一步搭建绿色建筑数字化平台，为用户提供信息智能匹配，促进材料在线交易，激活行业内的数据要素流转，提高行业交易效率，改变传统信息不对称问题。

最后，培育建筑节能、绿色建筑、装配式建筑产业链，推动可靠技术工艺及产品设备的集成应用，满足企业产业全方位的发展需求，实现建筑设计、施工、运维等各个环节的数据和技术的协同应用，实现各主体间信息共享。

（三）推广建筑全生命周期的碳智能管理模式

首先，将收集到的绿色建筑从设计到施工到运行管理各个环节的数据，构成全生命周期绿色建筑管理的基础核心数据。其次，利用绿色建筑云管理系统等智能化技术深度管理和开发这些基础核心数据，在 AI 智能算法的协助下，在项目运行的不同阶段，向每个相关方推送有需求的数据，实现绿色建筑的数字化建造、智能低碳化运维以及碳追踪及碳管理，为工程项目管理方提供经济、高效、绿色建筑信息化管理解决方案，从而加快新型建筑工业化发展、提升城乡建设绿色低碳发展质量。

（四）构建建筑业产业互联网的生态圈

首先，企业内部实现流程信息化。目前主流的五方责任主体企业，大多都建立了企业内部的信息系统，包括财务管理、合同管理、知识管理等信息化系统，而需提升的应以工作流程数字化为核心，集成基于 BIM 的数据库支撑的数字化管理系统。

其次，企业内外协同实现全面云化，建立私有云或公有云的云协同工作环境，实现内外文档管理、资料共享、文件互审，提高内外协同及沟通效率，解决由于信息不对称造成的资源及成本浪费等问题。

最后，以信息共享为核心构建建造产业新生态。目前各大互联网巨头及运营商均注重产业互联网发展板块，未来建筑业全产业链应实现横向及纵向的业务流程及信息互通，在各方的努力下未来全产业链的信息及资源整合能得以实现，可以预见的是上下游的生态圈包括产业链金融服务平台、行业征信管理服务平台、招投标集采平台、设备设施租赁平台，建筑劳务资源管理平台等平台体系的构建与完善，使传统建筑业的粗放式管理模式及流程得以重构，朝着绿色、高效、高质量的方向发展。

第三节　实现建筑行业绿色低碳转型战略实施的政策建议

一、健全并推广行业标准与认证体系

建议健全绿色低碳建筑标准体系。完善既有建筑能效测评和分级分类管理标准，健全各类建筑的节能设计标准体系；在既有建筑绿色化改造、装配式建筑、超低能耗及零能耗建筑等领域制定相关标准或规范。完善绿色低碳认证体系。推广绿色建筑、超低能耗建筑、装配式建筑生产基地等认证工作，开发被动式超低能耗建筑、近零能耗建筑等评价与认证体系并推动相关认证工作。完善绿色建材评价标准，推动绿色建材产品认证及推广应用。

（一）健全绿色低碳建筑标准体系

1. 构建基于绿色低碳建筑的能效测评体系

（1）建立基于绿色建筑的能效标识制度。在按照《绿色建筑评价标准》进行评价时，不仅要标识绿色建筑的能效等级，而且要标识绿色建筑的能效等级，这样可以比较清晰地反映出绿色低碳建筑的能效水平，从而促进建筑节能技术和建筑节能产品以及可再生能源技术的应用，提升绿色建筑的能效水平。

（2）建立基于绿色建筑能源系统能效的检测制度。绿色建筑能源系统能效检测制度主要包括系统形式检测、系统功能与性能检测和系统评估。系统形式检测主要根据不同的技术类型，检查系统的外观质量、产品质检报告和预验收资源等。系统的功能与性能检测主要是检测系统能否达到设计要求的功能与性能。系统评估主要是评价系统的能耗情况。

（3）建立基于绿色建筑能效的监测制度。绿色建筑能效测评不仅仅是系统验收时的一次评价，更需要对日常运行过程中的能耗情况进行实时监控。通过建立建筑物能耗监测云平台，对建筑物的能耗进行分类、分项和分房间进行监测的同时，可以对各个房间的温度、湿度、风速和空气质量进行监测，确保在满足舒适性的前提下最大限度地节约能耗，提升建筑物的能效水平。通过大数据分析，不仅可以对建筑物进行节能诊断，而且可以为制定绿色建筑的节能政策提供基础数据。

（4）建立基于绿色建筑能效测评的验收制度。将能效测评技术的应用作为绿色建筑验收的必要条件。没有采取能效监测措施的建筑，如没有装设与能效监测相关的计量装置，或无法对能耗数据进行实时采集的项目，不予验收，以确定能效监测体系的建立。

（5）建立公众参与能效测评的制度体系。公众参与是基于绿色建筑的能效测评技术推广体系的根本保障。通过制定法律和法规，完善体制与机制，拓宽公众参与能效测评的途径和方式，逐步形成公众参与能效测评的制度体系。公众通过参与能效测评工作，不仅能为能效测评技术体系的发展做出自己的贡献，而且可以分享能效测评发展的成果。

2. 健全绿色建筑管理标准体系

（1）健全绿色建筑管理评估体系。健全绿色建筑施工管理评价体系，可以提高相关绿色建筑项目的管理水平，确保绿色建筑管理的质量。首先，施工企业资质的综合评价，需要施工企业具备一定的资质。其次，在整个管理过程中，应有效实施环境管理评价体系，如新建筑竣工检验、绿色建筑工程设计等，建设监理部门应充分发挥自己的作用。在工程监理过程中，建设工程监理部门负责有效实施评价体系，评价对象为绿色建筑工程系统建设工作与绿色建筑施工管理工作。最后，在绿色建筑设计、施工和项目投标工作中，推行绿色节能理念，制定有关监管制度。

（2）健全绿色建筑管理的相关法律法规。有效实施绿色低碳管理，有赖于相关法律法规的支持，从而保证绿色建筑管理流程的科学性。绿色建筑的相关法律法规，要作为一种有效的规范，在一个特定的工作领域实施。相应的责任制度应开发或完善，依法规范市场秩序。通过推行责任制和结算制度，按照绿色建筑建设法定标准，加强对相关绿色建筑的重视程度，提高绿色建筑管理的科学性和合理性。最后，政府要最大限度地发挥自身优势，通过绿色建筑方案的科学验收，保障绿色建筑良性发展。

3. 完善节能设计标准体系

（1）完善绿色建筑节能法规以及技术标准体系。建立切实可行的建筑节能、节地、节水、节材和环境保护的综合性的标准体系；建立健全发展绿色建筑的节能政策法规体系；完善绿色建筑的技术标准支撑体系；建立严密的行政监管制度体系；制定绿色建筑量化标准和可操作的评估体系，进一步推动绿色建筑节能标准的设计与制定等。这些体系会对指导绿色建筑设计、建设规范引导建筑业转向绿色可持续发展起到积极的推动作用。

（2）建立节能建筑标识制度。鼓励开发商建设节能型建筑，呼吁并倡导居民购买符合节能建筑标准要求的公共建筑和居住建筑。

（3）尽快推动从建材、建筑设计、施工到运行评价相关标准体系的低碳转型。逐步提高新建建筑节能设计标准，探索建筑节能减碳设计标准由"节能量百分比"向"控制能源总量和排放总量"的模式转变；加快确立单位绿色建材产品生产能耗和碳排放指标的工作进程；落实建筑绿色建筑对标与建筑节能减排的对标工作。

（二）完善绿色低碳认证体系

加快政策的落实，加快低碳建筑评价体系的完善及评价标准的确立。推广绿色建筑、超低能耗建筑、装配式建筑生产基地等认证工作，开发被动式超低能耗建筑、近零能耗建筑等评价与认证体系并推动相关认证工作。

1. 完善绿色建筑认证体系

对建筑材料绿色度认证制度框架，应从企业管理标准、绿色度评价标准、绿色度认证指南、绿色度认证实施管理办法及管理机制等方面进行监管。

为更好地推广应用建材楼层深度评价与认证，应制定建材绿色度评价的相关标准体系。

不得私自转授、委托企业或个人完成绿色建筑认证工作，应由政府组织授权的专门机构进行，从而保证建筑材料绿色度评价的客观性。

政府应抽调专人成立监督小组，对评估认证过程进行监督管理，做到防患于未然。这些参与认证的建筑材料，在评估完成后，还要反复核对，确保万无一失。

2. 完善被动式低能耗建筑认证体系

被动式低能耗建筑的认证，可以采取过程控制的认证方式，以全过程质量控制的手段作为建筑认证的核心。在建筑策划决策、勘察设计、招标采购、施工安装、检测检验、竣工验收、交付运营各个阶段进行检查、监督、审核等一系列全过程质量控制措施，确保达成建筑产品能效目标和舒适性目标。

建议对符合被动式超低能耗建筑理念设计建造并达到一定性能的建筑，按照被动式超低能耗建筑理念进行分级管理认证，不能一刀切地要求达到最高等级，从而加快高性能建筑产品的研发和普及，为全面推广被动式超低能耗建筑积累经验数据并奠定基础。

3. 完善装配式建筑认证标准体系

对装配式建筑和现浇建筑实施不同的管理方法，不能将两类建筑统一管理，从设计规范、施工规范、验收标准、行业管理行为等方面创建一套完善合理的管理办法，而不应只仿照传统建筑来完成设计、施工、验收的工作。

加快落实装配式建筑评价标准的统一性，并且完善评价标准的条文解读。组织行业从业人员统一宣传和培训。各地装配式建筑评定专家需经住建部统一培训、认证，并取得认证资格。

为保障建筑部品与构配件认证的有效性和工程质量的可靠性，提高产品质量的同时降低认证风险，预防潜在事故的发生，研究一套科学、可行的产品认证风险评估与防范技术。

4. 完善近零能耗建筑认证标准体系

进一步明确近零能耗建筑可再生能源应用路径，其中包含可再生能源应用形式、设计要求、施工要点等内容，这将更加清晰地指导可再生能源在近零能耗建筑中的应用。

进一步增强认证体系的标准内容（如绿色建筑标识、测评标识、建材标识、用能产品能效标识等）与相关标识以及认证体系的关联性，通过参考其他标准的成熟内容和认证内容，将近零能耗建筑纳入河北省建筑节能发展体系，进而推动全省近零能耗建筑的发展。

（三）完善绿色建材评价标准

目前，河北省已构建了相对完整的针对建筑产品技术参数、性能、功能和安全等有关内容的产品标准体系，即使建筑产品检验合格，但仍能在使用中发现诸多问题，如装修污染、楼板噪声、排烟不畅等。推动建材产品绿色、健康性能方面的认证评价是降低建筑产品引起的居住者健康损害风险的重要途径，同时是推进健康建筑建设工作的重要抓手。以下是对建筑评价标准体系的发展建议。

1. 完善绿色建材产品评价标准体系

（1）明确标准定位。健康产品评价指标，应在产品基本性能合格的基础上对产品的属性进行评价，主要从产品功能角度、人员使用特点角度和其潜在的健康风险等方面进行评价。健康产品的核心含义是减少或消除使用该产品可能产生的对人体健康的损害，而产品对人体健康的损害又是存在多种作用途径和作用方式的，这与目前人们普遍熟知的"绿色""便捷""智能"等属性存在差异。健康产品评价标准的领先性应表现在评价指标的完整性、评价方式的创新性和基准值的引领性上，标准自身既相对独立完整，同时又能与现行标准体系进行有效衔接。

（2）明确评价对象。产品评价标准体系大多由评价通则与单项产品评价标准共同构成，标准体系涵盖所有评价对象所需周期较长，不易形成市场影响力。在国内建筑产品分类标准中详细列举的包含建设和使用过程中的有关建筑产品可以得知，这些产品不仅种类多样而且数量较多，选择与居住者健康最为相关的建筑产品作为评价对象，不仅可以较为轻松地被社会所接受，而且可以表明标准的统一性。评价对象可按其对健康居住环境的影响形式分为两类：一类是以主动消除健康损害为目的且对室内环境有直接影响的建筑产品，如地板、涂料、家具、门窗等部分品类；另一类是以被动健康风险干预为目的并对环境进行干预的建筑产品，如空调、新风、净水、供暖等设备类。

（3）创新评价形式。大部分建筑产品在独立使用时很难达到一定的功能要求，例如，抽油烟机要与止阀、排风道等组合成系统才能产生良好的排烟效果，卫生洁具与排水管道组成排水系统才能达到排水的目的等，说明实验室常见的产品检验结论并不能完全真实地反映产品的性能表现。建筑产品有较为典型的应用场景和相互之间的组合形式，健康产品评价应注重产品功能，深度分析当前建筑产品在使用过程中的问题及原因，并通过创新的评价形式和方法引导行业之间的协同改进及发展。

（4）推动互认机制。促进标准不断朝前推进的重要基础是对健康产品评价工作利益相关方诉求的厘清和响应，而促进标准间的互认机制是其中一个抓手。

开展健康产品评价标准与现行健康建筑、国际同类性质评价体系的互认，能够在很大程度上激发生产企业参与热情，获得认证评价的产品在销量上有明显提升，是产品生产企业的核心诉求。常见的建筑产品市场竞争日趋激烈，健康产品评价标准社会影响力的提升是吸引消费者关注且提高他们接受程度的重要方式，短期内推动互认机制是一个较为可行的方案。

（5）透明标识管理。参考国际通行做法，健康产品的技术和认证信息应公开透明，这不仅便于消费者验证健康产品真伪，而且可作为相关企业使用或研发的技术参考。信息公开有多种方式，如建立网站、发布产品白皮书等。在严格规定与标识相适应的产品规格型号的同时，建立定期市场抽查或现场检查管理机制，切实维护各方主体利益，从而避免标识不规范使用现象的发生。

2. 健全建筑产品认证体系

（1）强制认证与自愿认证结合。河北省建设工程领域的建材产品认证在目前来看处于自愿认证的阶段，然而伴随着省内对装配式建筑的推进，建筑工程的结构构件逐渐转变为结构部品部件产品，当建筑结构主要构件作为产品时，其质量的优劣决定着房屋结构的安全性能，应将建筑用材料、部品、设备等涉及安全、健康、环保等多个方面的产品，纳入强制性认证领域。大力推动自愿性产品认证，当自愿性产品质量认证发展到一定阶段，认证标准、规则更加科学，业务更加成熟，社会普遍认同的情况下，大力发展自愿产品认证，也可以向强制认证转变。

（2）产品认证与技术规范结合。河北省工程建设领域，尤其是建筑工程领域发展至今，产品认证的理念一直未能推广。主要原因在于建设领域没有规范要求，无论是河北省装配式木结构体系的施工质量验收规范还是检测标准，对于产品认证均未做出要求。应不断落实河北省通用规范即全文强制标准，建议在标准中加入产品认证的内容，从省级标准层面向下不断落实产品认证的执行，并辅助宣传引导，进而不断将产品认证的理念融入装配式木结构建筑工程质量监管体系中。

二、拓宽绿色建筑融资渠道与服务

构建多层次的绿色金融市场体系，涵盖绿色信贷、绿色债券和绿色股票等层次，同时推出绿色债券、绿色基金、绿色保险等绿色金融产品，为河北省建筑业的绿色低碳化转型提供了有益参考。

（一）引导基金投资方向

1. 创新金融产品和服务

为了匹配绿色建筑投资回收期长等特点，金融机构应该开发多元化的金融产品和服务。同时，对绿色建筑和非绿色建筑的贷款应该差异化定价，并开发具有绿色建筑、建材及技术特色的金融产品，以探索与碳排放和碳中和紧密相关的交易机制。此外，应该拓宽企业融资渠道，提高金融机构的资金利用率和报酬率。对于供应链金融而言，大型房地产企业应成为风险控制的主体，为中小型企业提供个性化服务。

2. 开展相关绿色金融业务

借助发展期货、碳市场等手段，加强绿色产业集群建设，以支持符合条件的绿色企业发行绿色债券，并设立合资绿色发展基金，加快河北省绿色建筑产业发展。同时，探索推广绿色建筑资产证券化融资。多元化绿色建筑融资主体包括资本市场、债券、基金和绿色建筑投资基金等。推动保险资金提供长期稳定资金支持，以股权、基金和债券等形式支持绿色建筑等重点项目的建设。

3. 出台绿色金融激励政策

制定推广绿色金融奖励政策，囊括绿色保险、评价、优惠等手段，降低绿色建筑的融资费用，提高投资回报率，吸引社会资本纷至沓来。

4. 积极支持发行绿色债券

鼓励金融机构积极寻求绿色低碳项目，加大绿色债务融资工具、绿色公司债、绿色企业债、绿色资产支持证券等绿色债券的承销力度；同时，指引企业通过信用风险缓释凭证和担保增信等手段，以减轻企业发债难度、降低成本并提升市场主体认购意愿。此外，对于符合条件的企业，支持地方法人金融机构发行绿色金融债券，以提升绿色信贷的投放能力。

（二）加大信贷倾斜力度

1. 稳步扩大绿色信贷规模

为了推动绿色金融事业的发展，各银行业金融机构应将绿色金融工作作为年度工作重点，并单独划拨专项信贷计划，并积极争取绿色信贷专项额度。各分支机构应鼓励向上级行争取绿色信贷额度，以满足建筑行业在绿色低碳领域的融资需求。此外，全国性银行业金融机构应主动储备绿色项目，争取碳减排支持工具额度，并为具有显著减排效益的重点项目提供优惠利率融资。鼓励银行及金融机构积极开拓绿色信贷资产证券化业务，以充分利用存量绿色信贷资源。同时，应合理运用各类信息，创新绿色金融产品，特别是在建筑行业绿色低碳领域，加大首贷、信用贷、无还本续贷等金融支持力度。努力做到全省绿色贷款余额年年提高，绿色贷款占比逐年增长。

2. 完善绿色金融组织体系

鼓励金融机构成立绿色金融业务部门、分支机构和专营子公司，并实行分线管理。政策上将从资源配置、产品创新和审批权限等方面偏向绿色金融机构。完善绿色融资担保机制，为绿色企业和项目提供可靠的信用支持。同时，引导并奖励绿色评级机构、专业认证机构等专业化机构积极参与到绿色金融的中介业务中。

3. 完善金融财政支持政策

进一步完善支持绿色建筑领域实现碳达峰的财税政策，贯彻税收减免政策。同时，完善政府绿色建筑和绿色建材采购标准，在政府采购领域广泛推广绿色建筑和绿色建材应用。

4. 强化绿色金融支持

鼓励银行业金融机构创新信贷产品和服务，支持绿色建筑领域的节能降碳，但前提是保证风险可控并遵循商业自主原则。

（三）创新保险服务内容

1. 推动绿色建筑多层次资本市场

发挥保险资金长周期优势，推出创新融资工具，参与绿色低碳建筑建设，如保险债权投资、股权投资等，以支持绿色低碳建筑建设。与保险公司合作，为"绿色建筑项目"提供专属保险服务，强化新型绿色建筑产品的设计和推广，并提高绿色建筑产业风险防范能力。

2. 引导保险资金投资绿色建筑项目

探索开发绿色建筑企业贷款保证保险产品。探索将高污染、高环境风险企业投保环境污染责任保险情况，作为获得绿色信贷等金融服务的重要参考。

3. 完善绿色建筑投融资风险补偿制度

通过建立绿色企业和项目保险体系，分散金融风险。强化金融风险防范、化解和处置工作，促进绿色金融持续健康发展。鼓励开发商投保绿色住宅质量保险，强化保险支持，发挥绿色保险产品的风险保障作用，助力建筑低碳转型。

4. 建立绿色保险增信机制和互相保险

对于新建绿色建筑的设计图纸阶段，可以利用专业的第三方评级机构筛选绿色建筑的节能减排性能、预计财务效益以及维护身体健康等关键性指标，且可以为这些关键性指标投保。同时，借助绿色保险的手段为绿色建筑项目提供信用担保，从而减少民营小微企业、绿色建材企业和绿色技术研发企业获得贷款的难度。此外，针对传统建筑的升级改造和绿色装修，可以引入财政性担保基金以及非担保的风控方式。

三、加快绿色低碳技术研发与应用

以退税、奖励等措施激发建筑行业国有企业、规模型民企以及高校、科研院所等主体的技术创新动力。首先，可以设立重点产业高质量发展专项资金，对高性能门窗、专用特种材料等超低能耗建筑专有部品部件生产企业给予倾斜，全面降低绿色低碳技术研发生产成本。其次，可以鼓励企业、高校和科研单位联合设立重点实验室和科技创新中心，采取合作研发、技术入股等方式，共同承担各种绿色低碳科技项目，促进绿色低碳产业创新发展。同时，实施"三跃升"计划和科技企业上市工程，推动科技创新企业的研发投入增加、成果转化增强和新产品产值提升。最后，可以鼓励高校加速推进绿色低碳技术相关学科的建设，提高人才培养质量和能力。积极促进产教融合，并积极创建国家级的储能技术产教融合创新平台，推动新型节能降耗型绿色低碳技术、零碳建筑体系技术研发攻关。

持续推动可再生能源以及加快液冷、自然冷却、高压直流、余热回收等节能技术在建筑领域的应用。首先，要加快建立新建建筑可再生能源综合利用量核算标准和全周期管理体系，推广太阳能光热、光伏与建筑装配一体化，推进浅层地热能、氢能、工业余热等多元化能源应用。其次，提高建筑终端电气化水平，引导建筑供暖、生活热水等向电气化发展。推进公共建筑电气化，发展光伏发电、储能、直流配电、柔性用电等功能融合的"光储直柔"建筑，优化电力需求，实现能耗降低和少增容、不增容。最后，积极推广超低能耗建筑和可再生能源技术等绿色建筑解决方案。为推广绿色建筑，政府提出了多项举措，包括出台相关管理办法、制定可再生能源工作方案、提高节能效率、政策引导、资金支持等。此外，积极倡导建设超低能耗、装配式建筑，并推广太阳能集中供热、屋面光伏、空气源热泵、浅层地热等可再生能源技术，对既有建筑进行节能改造，以实现可再生能源在城市建筑中的广泛应用。

鼓励重大技术示范应用。首先，以政策引导减少建筑碳排放，推动低碳技术研发、成果转化和推广应用。加大对超低能耗建筑的扶持，建成一批超低能耗建筑示范项目。加强既有建筑改造力度，降低建筑运行能耗。鼓励绿色建筑创新发展，推动建成一批高品质绿色建筑。其次，面向传统建筑开展绿色技术示范应用，提升农房绿色低碳设计建造水平，探索新建农房执行节能设计标准，加快既有农房节能改造，鼓励建设低碳、零碳农房。制定高水平节能标准，开展超低能耗建筑规模化建设，推动零碳建筑、零碳社区建设试点。在其他地区开展超低能耗建筑、近零能耗建筑、零碳建筑建设示范。推动农房和农村公共建筑执行有关标准，推广适宜节能技术，建成一批超低能耗农房试点示范项目，提升农村建筑能源利用效率，改善室内热舒适环境。最后，合理推动示范项目与其他重点工程、科技规划的衔接，鼓励采用系统化集成设计、精益化生产施工、一体化装修的方式，加强新技术推广应用，整体提升建造方式工业化水平，并给予土地、资金、用电等政策支持，全面推动绿色低碳转型。在土地供应、行业管理、税费等方面出台实质性优惠政策，引导各地保障性住房建设采用装配式建造方式。并且及时制定相应的法律法规政策，从财税支持、税收优惠、价格政策、节能减碳标准、节能低碳标识等方面促进节能减碳技术的推广应用，对高星级绿色建筑、超低能耗建筑、零碳建筑、既有建筑节能改造项目、建筑可再生能源应用项目、绿色农房等给予政策扶持。

第四节　建筑行业绿色低碳转型战略实施的保障措施

一、优化产业生态圈治理体系与机制

利用政策手段，激发下游产业的需求拉动作用。对建设、购买、运行绿色建筑或者对既有民用建筑进行绿色化改造的，出台资金支持、容积率奖励、税收优惠等激励措施。

（一）发挥央企国企绿色建材采购、全建筑要素数字化及碳管理的带动作用，为减碳和碳管理提供创新应用及发展空间

首先，推动实行增值税即征即退优惠政策，加快建立绿色建材评价体系，实施标识管理。国有企业要充分发挥示范引领作用，将绿色建材应用要求纳入绿色房屋建筑和工程相关标准，促进绿色建材规模化规范化应用。

其次，央企国企要率先推进智能建造和新型建筑工业化的协同发展，积极拓展数字设计、智能生产、智能施工和智慧运维等领域，重点推动建筑信息模型（BIM）技术的研发和应用，加强建筑产业互联网平台的建设，完善智能建造标准体系，加快开发和应用自动化施工机械、建筑机器人等高科技设备，并积极开展智能建造试点。

最后，国有企业应制定完善的碳排放管理制度，并健全节能降碳标准计量体

系，确立绿色建筑、零碳建筑及绿色建造工程等标准，以发挥碳管理的带头作用。

（二）鼓励引入第三方服务机构，提供双碳+环保贴身服务

首先，第三方服务机构提供的绿色建筑服务可以确保在建筑的全生命周期内，尽可能地实现资源节约（节能、节地、节水、节材）、环境保护和污染减少，为人们提供健康、适用和高效的使用空间，实践建筑与自然的和谐共生。

其次，还可以提供室内空气检测、土壤检测、水质监测、声学检测、建筑基础/增强调试、能耗模拟、IPMVP及建筑性格优化等一系列服务，从而可以协助企业完成碳系统设计、运行、维护和管理等，明晰重点减排方向。因此，鼓励引入第三方服务机构，贯彻"适用、经济、绿色、美观"的建筑方针，促进节地与室外环境保护、节能与能源利用、节水与水资源利用、节材与材料资源利用，提高室外环境质量，强化施工管理和运行管理，鼓励性能提高和创新。

（三）鼓励社会监督绿色建筑的节能降耗效果，制定奖惩办法，推动社会共治

首先，政府应加强公共绿色建筑用能监管，建立和完善能效测评、能耗统计、能源审计、能效公示、能耗限额等各项制度，继续推动符合条件的新建大型公共绿色建筑以及既有公共建筑能耗监测，加强公共建筑能耗监测系统的建设和运行管理。

其次，政府应建立完备的节能监管体系，以规范公共建筑的能源消耗量，引导其进行全面的低碳管理，制定并推广对应的能耗监测平台。同时，政府应建立奖罚公示机制，公开能源效能评估结果，鼓励全社会监督公共建筑的可持续发展。

最后，政府应在建筑全生命周期内强化对节能减排标准的监管，特别是在薄弱领域和关键环节，政府必须予以足够的关注。有关部门需充分发挥综合协调、信息反馈及信息公开功能，履行监管标准实施中应尽职责。加强监督活动主体使用标准是否有效、执行标准是否全面准确以及施工每环节严格审查。只有对不执行或违反标准行为进行严肃处理，才能将节能环保技术纳入工程建设全过程中，

真正实现节能减排理念。

（四）推进成立中国雄安绿色交易所，推进北京市与雄安联合设立国家级CCER交易市场

首先，要加快推广绿色建造技术，研究推广建造过程碳排放准确监测与核查关键技术，推进碳排放数据公开透明化。探索建立建筑行业低碳发展、建筑碳排放报告、核查以及碳交易等工作机制，落实建筑领域向碳交易平台进入工作。

其次，积极参与全国碳排放权交易市场建设，合理分配碳排放配额，指导重点行业企业入市交易并履行清缴义务。除此之外，进一步健全碳汇补偿和交易机制，加速发展碳减排服务业。针对用能权的使用和交易，完善相关制度，推广"一站式"合同能源管理服务模式，以加快节能服务行业的发展步伐。

最后，进一步健全河北省环境能源交易所健全碳汇补偿和交易机制，加快培育碳减排服务业，将建筑行业纳入碳交易体系，尽早形成建筑行业碳交易市场。

（五）强化数字平台建设

首先，将传统建筑的水、电、气、热等设备，改造为具有感知、传输、控制能力的远程传输智能设备，通过安装碳计量边缘一体机、建立低碳节能监管平台，通过实时可视化水、电、气、热等资源的消耗及过程，精细量化并实现资源节约管理，推动建筑智慧碳管理全生命周期的实现。

其次，政府应着眼于高质量发展目标，重点提升建筑品质，对BIM信息技术和装配式建筑提供政策支持。应构建数字底座，推动智慧城市建设标杆和数字化典型。鼓励企业突破技术瓶颈，提升核心技术和关键产品研发水平。积极应用智慧城市场景，促进信息技术与建筑行业深度融合。之后可以出台相关政策，加快建筑业基础研究和创新实践，推动BIM平台及软件等技术在规划、勘察、设计、生产、施工和运营维护全过程的集成应用，实现工程建设项目全生命周期智慧碳管理数据共享和信息化管理，为项目方案优化和科学决策提供依据。另外，加大人工智能、大数据分析、数字孪生、虚拟现实、5G等新兴技术与数字建筑的融合应用，全面提升建筑全流程的智能化水平。

最后，鼓励建筑企业要抓住数字化转型的机会，推动产业质量变革、效率变

革、动力变革。实现"数字建造，价值创造"。利用新一代数字技术，推进数字产业化和产业数字化，实现建筑设计、建造、运维全过程的数字化、在线化、智能化，主要包括大数据、云计算、BIM技术、3D打印等多种新型信息技术的运用。此举还将引领工程项目全生命周期业务模式、管理模式和生产方式的提升和升级。

（六）建立数字孪生技术的碳管理大数据平台

首先，利用数字孪生技术与建筑产业有效融合构建数字孪生建筑平台，通过数字孪生虚拟建筑体和能源建模技术可改变建筑物的设计、管理和维护。如通过各类传感器和智能感知技术应用，收集实体建筑实时能耗数据，并参考建筑设计、暖通空调系统、照明系统、供电系统以及天气等实时数据，经过精细计算，为建筑业主提供各种设备使用的优化方案，从而降低能源消耗。还可以运用大数据等手段实时监测区域碳排放数据，分析区域碳排放状况。

其次，鼓励企业进行数字孪生建筑建设，实现对建筑的全面数字化建模，以及对建筑运行状态的充分感知、动态监测，形成虚拟建筑在信息维度上对实体建筑的精准信息表达和映射，从而实现管理建筑物从规划、设计开始到施工、运维的全生命周期，包括全过程、全要素、全参与方的以人为本的人居环境开发和美好生活体验的智慧化应用，最终实现企业、产业和数字孪生城市应用的生态体系全新建立。

最后，采用虚拟现实技术对复杂经济社会变化发展进行多维动态模拟研判，动态演绎碳达峰、碳中和路径。虚拟现实技术的运用可以在建筑实体空间观察各类痕迹，在建筑虚拟空间可搜索各类信息，建筑规划、建设以及民众的各类活动，不但存在于实体空间内，而且在虚拟空间可以实现扩充，虚实融合、虚实协同为建筑行业发展提供新的发展方向及模式。

二、完善农村低碳转型的监督和激励机制

低碳转型是乡村振兴的内源动力和必然要求。农村地区蕴含着极大的碳减排潜力，可借助乡村振兴事业实现碳减排的有效激发。农村地区推进低碳发展应瞄准监督和激励两个重要的着力点，具体分析如下：

（一）在农村建筑低碳转型过程中，逐步建立以农村低能耗住宅体量和质量为中心的考评机制，实行监督制度

一是建立健全绿色建筑审查、设计及许可制度。首先在绿色建筑审查制度方面，增加对农村绿色建筑的绿色生态指标的审查内容，对不符合要求的规划不予以批准；其次在绿色建筑设计专项审查制度方面，对于在施工图设计审查中达不到要求的不予通过；最后在绿色建筑施工的绿色许可制度方面，对于不满足绿色建造要求的建筑不予颁发开工许可证。

二是建立健全建筑信息公开制度。加大对绿色建筑能耗统计、能源审计、能耗监测、能效测评的信息公示力度，实施能耗限额管理，能够及时了解绿色住宅建造的实施情况，方便相关部门对建造过程进行考核。

三是建立能源绿色低碳转型监测评价机制。重点监测评价各地区能耗强度、能源消费总量、非化石能源及可再生能源消费比重、能源消费碳排放系数等指标，评估能源绿色低碳转型相关机制、政策的执行情况和实际效果。

四是完善基层干部在推广低能耗建筑方面的主体责任制度。规划目标任务，科学分解到地方，将目标完成情况和措施纳入评价考核体系，考核结果作为节能减排综合考核评价的重要内容，对做出突出贡献的予以表彰奖励，对未完成目标任务的进行责任追究。

五是健全考核监督机制，形成部门协调、挂牌督办、责任追究和村镇自治长效机制，形成"县考核、镇督查、村管理"的三级长效管理体系，鼓励和引导村级干部参与推动农村节能住宅建设。

（二）鼓励农村进行低碳转型，主要通过设立专项资金、提供循环性服务等措施进行激励

一是给予绿色建筑资金及服务支持。首先，可以考虑设立乡村建筑节能降碳专项基金，大力推广前沿节能低碳技术、新型民房结构体系和绿色高效建造方式；其次，可以建立补偿标准体系，对符合低能耗、超低能耗标准的民宅进行不同力度的补偿，推广碳普惠引导机制，为我国如期实现减排目标做出贡献；最

后，设立专项咨询服务，为农村提供绿色建筑全过程咨询服务，积极引领农村地区低碳发展。

二是创新资金投入方式。首先，可以通过设立企业参与农村绿色低碳发展的激励机制，明确企业的权利与义务，通过研发激励、资金扶持等多种实效手段激励企业参与到农村绿色低碳发展中，为农村的低能耗住宅建造提供技术支持；其次，在推动力方面，由政府引导逐步过渡到市场推动，充分发挥市场配置资源的基础性作用，提升企业的发展活力，加大市场主体的融资力度，推进绿色建筑市场化发展，借助企业的市场活力，降低农村低能耗住宅的建造成本，从而拉动农村建筑绿色低碳发展。

三是鼓励农村完善可再生能源开发利用机制，促进可再生能源建筑的一体化应用。鼓励有条件的地区对适合本地区资源条件及建筑利用条件的可再生能源技术进行推广，提高可再生能源的绿色建筑的建设比例。同时，积极发展太阳能采暖等综合利用方式，大力推进工业余热应用到居民采暖，推动可再生能源在建筑领域的高水平应用。

四是加大对农村电网建设的支持力度。首先，组织电网企业完善农村电网，加强农村电网技术、运行和电力交易方式创新，支持新能源电力就近交易，为农村绿色建筑的相关产业提供低成本绿色能源；其次，在农村地区优先支持屋顶分布式光伏发电以及沼气发电等生物质能发电接入电网，电网企业等应当优先收购其发电量；最后，鼓励利用农村地区适宜分散开发风电、光伏发电的土地，探索统一规划、分散布局、农企合作、利益共享的可再生能源项目投资经营模式，完善规模化沼气、生物天然气、成型燃料等生物质能和地热能开发利用扶持政策和保障机制。

三、增强节能低碳意识和执行力

开展建筑节能低碳培训课程，向社区居民普及建筑节能、绿色建筑和绿色建材知识，提高居民对于绿色建筑的认识度，树立全民节约意识、环保意识、生态意识，鼓励居民实现简约适度、绿色低碳的生活方式。

组织绿色建筑、绿色建材进社区活动，动员全社会参与节能减排，把绿色低碳转化为全体人民的自觉行动。另外，在醒目处摆放建筑领域节能展板，宣传政策和科普知识，回答群众疑问，向公众传播绿色建筑标准和绿色建材的健康理念。

以"绿色低碳"为主题，开展节能减碳倡议书活动，通过微博、微信及门户网站等多种媒介扩大绿色低碳的宣传范围，进一步传播节能理念、提高节能意识，营造浓厚的节能降碳氛围，掀起全社会节能减碳热潮，深入贯彻落实建筑领域碳达峰相关工作。

鼓励各地结合实际，组织发展体现当地特色和行业特点的活动，提升全民节能意识能力。举例来说，可开展系列"云"上活动，展播节能生活视频和节能知识动漫、举办"节能达人 PK 赛"等，普及节能降碳基础知识，呼吁全民积极响应节能降碳号召，并将节能降碳落实到居民实际生活中。

增加绿色低碳的宣传主体，面向各级主体开展节能建筑主题宣传活动，例如，组织各地区梳理建筑领域节能降碳取得的经验成效，推介一批在践行绿水青山理念、促进绿色低碳发展等方面作出积极示范的地区；组织协会、企业代表、行业专家召开推介会，以国家重点节能低碳技术推广目录为基础，推广一批节能技术，选取符合实际情况的节能、减碳、节水、循环经济重点推介技术；组织施工单位在新建、既有居住建筑节能改造工地制作悬挂条幅宣传建筑节能、绿色建筑、装配式建筑、被动式建筑和绿色建材，进一步增强全民节能低碳意识，增强全民节能执行力。

第七章 河北省建筑行业绿色
低碳转型的技术路径

第一节 总体思路

构建河北省建筑行业绿色低碳转型技术路径，首先，需要建立以组织领导体系和绩效考核体系为核心的工作机制，以此为抓手，构建全过程低碳建筑体系和数字化智能协作体系。其次，建立以财政、金融、专业公司和科研机构为主体的支撑体系。如图 7-1 所示。

为了实现河北省建筑行业的绿色低碳转型，可将具体技术路径分为四个部分，分别为工作机制建设、全过程低碳建造体系、数字化智能协作体系及保障支撑体系。

工作机制建设在技术路径中起着总体顶层设计和指导的作用，主要包括加强组织领导、示范工程引导和绩效评价驱动三个主要环节。

全过程低碳建造体系是从建筑全过程视角构建的绿色低碳建造体系，涉及设计、建造、运行和回收等主要环节。

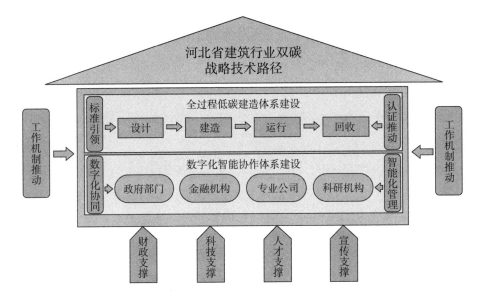

图7-1 河北建筑行业绿色低碳技术转型战略技术路径总体框架图

数字化智能协作体系主要涉及政府部门、金融机构、专业公司和科研机构采用数字化及智能化技术进行协同和管理的体系。

保证建筑业低碳转型目标能够实现的保障支撑体系，主要涉及财政支撑、科技支撑、人才支撑和宣传支撑。

第二节　河北省建筑行业绿色低碳技术转型战略技术路径

一、工作机制建设

（一）加强组织领导

河北省有关政府部门已经深刻认识到建筑行业绿色低碳技术转型工作的重要性、紧迫性和复杂性，下一步的工作重点应落实到切实加强组织领导和统筹协调上。为此，河北省碳达峰碳中和工作领导小组作为全省碳达峰、碳中和工作的统筹指导组织，应对建筑行业绿色低碳技术转型工作给予充分指导。省发展改革委、省住房建设厅、省生态环境厅、省自然资源厅、省工业和信息化厅、省科学技术厅等部门要在各自分工领域内加强对建筑行业绿色低碳技术转型工作的统筹协调，定期对各地建筑行业绿色低碳技术转型工作进行调度，督促各项目标任务落实落细。省属国有建筑企业要发挥带头示范作用，严格落实绿色低碳技术转型目标责任。

（二）示范工程引导

河北省已经完成了一批有重要示范意义的建筑工程，如雄安新区近零能耗建筑核心示范区等。这些工程对于新建项目的低碳和零碳设计及施工起到了重要的垂范作用。因此，应充分发挥示范工程的引导作用，在超低能耗建筑、星级绿色建筑、装配式建筑、建筑可再生能源应用、既有建筑节能及绿色化改造、农村住房建设等领域推进工程示范。通过"技术+工程"的组织实施模式，开展绿色低碳、品质提升和智能化技术应用等建设科技示范。

在超低能耗建筑领域，应充分发挥当前在全国建筑规模、产业链条、创新研发体系和重点节点产品质量全国领先的优势，建立并完善包括生产、建造和运维等维度的被动式超低能耗建筑全产业链体系。近期至2025年，迅速实现《河北省被动式超低能耗建筑产业发展专项规划（2020~2025年）》的规划目标，在政府投资或以政府投资为主的办公、学校等公共建筑和集中建设的公租房、专家公寓、人才公寓、新建保障性租赁住房项目，建设标杆性近零能耗建筑示范工程，做好新技术的推广应用。加快推进雄安新区近零能耗建筑核心示范区和石家庄市、保定市、唐山市近零能耗建筑产业示范基地建设。远期至2030年，将超低能耗建筑的示范范围推广到由社会资本投资的建筑领域，在雄安新区全面推广近零能耗建筑，在石家庄市、保定市、唐山市等地推广超低能耗建筑、近零能耗建筑、零碳建筑建设示范。

在星级绿色建筑领域，应基于稳居全国前列的绿色建筑和星级绿色建筑的发展基础，全力推动河北省绿色建筑迈上更高台阶。近期至2025年，实现新建筑100%为绿色建筑，达到星级标准的绿色建筑占比不得低于新建绿色建筑面积的 50%。在雄安新区全面推广星级绿色建筑示范，规划范围内城镇新建民用建筑和工业建筑全面执行二星级及以上绿色建筑标准，新建政府投资及大型公共建筑全面执行三星级绿色建筑标准，启动区、起步区等重点片区新建建筑力争达到国际领先水平。远期至 2030 年，进一步提高绿色建筑品质和星级标准的绿色建筑占比。在石家庄市、唐山市、保定市、秦皇岛市、廊坊市、沧州市、邢台市、邯郸市等地全面推广星级绿色建筑示范，推动城镇新建民用建筑和工业建筑全面执行二星级及以上绿色建筑标准，新建政府投资及大型公共建筑全面执行三星级绿色建筑标准。

在装配式建筑领域，应在石家庄市、唐山市、邯郸市、秦皇岛市 4 个国家装配式建筑范例城市和卢龙县、唐山市丰润区、望都县、涉县 4 个省装配式建筑示范县（区）的发展基础上，在全省进一步加大装配式建筑项目建设力度，提高新开工装配式建筑占比。鼓励新建政府投资和国有资金投资的建设项目优先应用装配式建造方式，支持社会投资项目积极应用装配式建造方式。近期至 2025 年，确保城镇新建装配式建筑占当年新建建筑面积比例达到 30% 以上。以学校、医院、办公楼、酒店、住宅等为重点示范领域，推广装配式建筑标准化设计。在学校、医院、政府投资的单体建筑面积超过 2 万平方米的新建公共建筑等示范领域，推广钢结构装配式建筑。在保障性住房和商品住宅等领域，推广装配式混凝土建筑。近期至 2030 年，在工业建筑领域全面推广钢结构装配式建筑，在低层公共建筑和住宅及平改坡等工程推广木结构装配式建筑。

在建筑可再生能源应用领域，应从完善政策措施、推进科技创新、加快建筑垃圾再生产品推广应用三个方面全面推进建筑垃圾资源化利用水平。至 2030 年，应加快培育一批建筑垃圾资源化利用龙头企业，鼓励支持企业或个人积极参与建筑垃圾资源化利用项目建设。每个设区的市至少培育 1 家技术装备先进、能源消耗低、环保安全达标、资源化利用程度高的优势企业，进厂建筑垃圾的资源化率不低于 95%。打造 1~2 个建筑垃圾资源化利用示范企业，逐步形成建筑垃圾资源化利用产业集群。鼓励现有的资源化利用企业扩大规模，进行技术革新和设备升级，提高资源化处理水平。支持建筑垃圾资源化利用企业搭建技术创新中心、产业研究院等创新平台，全省搭建不少于 5 个资源化利用创新平台。

在既有建筑节能及绿色化改造领域，应严格执行新建居住建筑 75% 和公共建筑 65% 节能标准，大力发展被动式超低能耗建筑，确保新建建筑节能标准执行率达到 100%。至 2030 年，应不断提升建筑能效水平，将城镇公共建筑节能标准由 65% 提升至 72%。因地制宜应用太阳能、浅层地热能、生物质能等可再生能源解决建筑采暖用能需求。加强太阳能光电建筑应用推广工作，要求具备条件的新建大型公共建筑、居住小区、工业（农业）园区及高等院校等，应安装太阳能光伏发电系统，鼓励优先在会展场馆、体育场馆、机场、学校、医院和城乡居民住宅等建筑屋顶，建设分布式光伏发电系统。在张家口市宣化区、秦皇岛市抚宁区、唐山市迁安市、邢台市宁晋县、邯郸市武安市共 5 个省级整县（市、区）屋顶分布式光伏开发试点的基础上，在全省推广屋顶分布式光伏开发试点。

在农村住房建设领域，在 28 个试点县（市、区）344 个农村住房建设试点村的基础上，在全省全面推广农村住房建设试点示范，采用适宜的新型结构体系、绿色环保建造方式和建筑节能技术，建成一批功能现代、风貌乡土、成本经济、结构安全、绿色环保的宜居型示范农村住房，发挥示范带动作用。全面推动装配式农村住房建设试点工作，在有面向农村地区装配式产品的生产企业所在县开展试点，即农户自主建设 500 户以上、具有良好示范效果的装配式农村住房。

（三）绩效评价推动

推动建筑行业碳数据统计监测方法的开发和统计能力建设。充分利用区块链、物联网、云计算等前沿信息技术，对建材、施工和运维阶段的碳排放数据进行统计及监测，探索建筑行业全生命周期碳数据统计的统筹管理。建立统计监测制度，完善分建筑类型、分区域碳数据统计核算方法，提升统计核算数字化、信息化水平。

强化监督考核。在建筑节能、绿色建筑和装配式建筑工作监督检查的基础上，加大对建筑行业其他绿色低碳技术转型工作的监督考核力度。争取将建筑行业绿色低碳技术转型相关指标纳入经济社会发展综合评价体系，将建筑行业绿色低碳技术转型工作纳入对住建部门各级领导班子和领导干部综合考核评价的重要依据。

二、全过程低碳建造体系

低碳建造体系的建设，首先，要建立各环节要遵循的绿色低碳标准，使得建造全过程的低碳活动有据可依，在标准的引领下展开全过程的低碳建设，如优化低碳设计流程、低碳建材的选用、低碳建造。其次，建造垃圾的回收，推动建材循环利用。最后，应该有低碳认证的推动做保障，才能确保各环节的低碳活动能够顺利进行。

（一）建立标准及认证体系和规范设计流程

1. 推动绿色建筑全过程相关标准制定与完善，构建全过程、多角度的绿色建筑标准"网络"，严格把控建筑建设各阶段碳排放

绿色建筑全过程标准体系如图 7-2 所示。

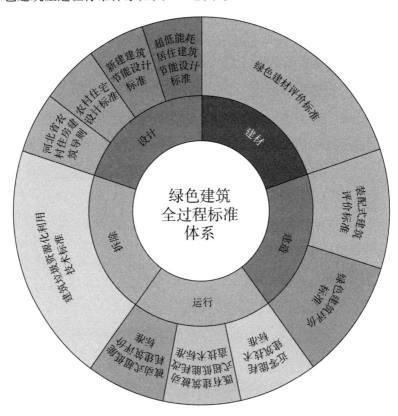

图 7-2　绿色建筑全过程标准体系

（1）到 2025 年，依托《河北省绿色建筑设计标准》，细化绿色建筑参评条件、提高星级建筑技术要求，整体上从安全耐久、健康舒适、生活便利、资源节约、环境宜居等方面对民用建筑绿色性能进行综合评价，保证到 2025 年，河北省城镇新建绿色建筑占当年新建建筑面积比例达到 100%。制定低碳建筑认定标准，通过对建筑的控制指标评价和碳排放量核算对低碳建筑进行判定；鼓励国有资金投资项目参照政府投资项目按照超低能耗建筑标准规划、建设和运行；到 2025 年争取实现超低能耗建筑规模化发展。制定印发《农村住宅设计标准》《河北省农村住房建筑导则》《河北省农村住房设计方案集》等，指导农村住房建设品质提升；大力发展近零能耗建筑，颁布实施《近零能耗建筑技术标准》，对建筑全过程的技术指标进行详细规定。

（2）到 2030 年，全过程低碳建造体系全面建立，城镇民用建筑全面推行超低能耗建筑标准，将城镇公共建筑节能标准提升至 85% 左右，对建筑建造过程中的低碳技术、绿色建材、室内外环境等方面均需制定相关标准进行规范，如制定近零能耗建筑技术标准、绿色建材产品推广应用目录、建筑环境性能评价标准等。制定新型农村绿色宜居住宅建筑标准（包括合理选择建设用地，建筑技术和材料本地化、合理控制建筑体形系数、选用高性能材料等），促进乡村住宅建设系统化、工业化、标准化。健全低碳零碳技术标准体系，强化前沿低碳零碳技术标准的研究与制定，推动低碳零碳技术研发和示范应用。依托《河北省推进建筑垃圾资源化利用工作方案》和《河北省建筑垃圾再生产品目录》，加大建筑垃圾再生产品推广应用力度，最大程度上使用无污染、易降解、可再生材料，对建筑废弃物采取无害化处理。制定相关的碳排放配额标准，对不同区域的民用建筑和不同用途的公共建筑划定合理的减排目标、规定相应的配额分配方式，出台相关的年碳排放配额分配和管理方案、碳排放配额登记管理规定等文件。

2. 大力推广我国绿色建筑标准认证，推进绿色建材和绿色技术认证，实现全过程的绿色开发

（1）各市县地方政府通过出台相关财政补贴及税收优惠政策，鼓励新建住宅及公共建筑按照《绿色建筑评价标准》进行设计建造，推广绿色三星建筑认

证，到 2025 年，确保新建星级绿色建筑占当年新建绿色建筑面积比例达到 50%以上。大力推广绿色建材，加快推进绿色建材产品评价认证和推广应用，推动在政府投资工程、重点工程、市政公用工程、绿色建筑、装配式建筑等项目中率先采用绿色低碳建材，逐步提高绿色建材应用比例。学习国外先进的认证制度，实施低碳建筑物认证制度、配套制定低碳建筑认定标准、以定性和定量相结合的方式规定建筑物的低碳性能。

（2）到 2030 年，政府持续加大财政补贴力度及绿色金融等方面给予激励，完善绿色认证体系。大力推广被动房产业，制定方案设计、建材研发和验收认证等方面的相关标准，建立本土化的被动房认证体系。大力发展近零能耗项目，完善近零能耗技术认证体系，鼓励建立净零碳建筑认证评价体系，助力建筑从绿色建筑、超低能耗建筑、近零碳建筑进一步向"零碳建筑"迈进。在全省范围内开展碳排放认证，先行在管理发达地区进行试点。在绿色建造技术应用方面，提高加热和冷却设备、照明标准，对于大型建筑物严格限制能源的使用，争取在碳减排方面取得显著成效。

3. 依托相关标准规范绿色建筑设计流程，大力推广装配式建筑设计，统筹兼顾碳排放与可持续性发展

（1）河北省应借鉴国外相关建筑法规，将绿色建设指标纳入建筑规划设计条件，并落实到具体的建筑小区和建筑项目；按照建筑节能的要求依法对民用建筑进行修建性详细规划、建筑设计等方案审查。做好总体城市设计工作，完善城市、街区、建筑等相关设计规范和管理制度，加强重点区域、重要地段城市设计，优化城市空间和建筑布局。加强住宅建设标准规范，加强质量安全管理并促进智能住宅的设计、建造和普及化，积极推广智能家居系统，提高住房的可用性和舒适程度。创造完善、绿色、健康和安全的高品质住宅，持续地改善人民群众的住房与居住环境。提升农村住房设计水平，大力推动绿色节能技术，研发新型绿色乡村住宅设计建造技术，积极推广钢结构装配式等新型建造方式，建设满足乡村生产生活需要的新型农房。大力推广装配式建筑，缩短工期，减少资源浪费和环境污染，到 2025 年，保证河北省新建装配式建筑占当年新建建筑比例达

到 30%。

（2）鼓励建设高品质绿色建筑，推进装配式建筑核心技术突破，减少应用成本，积极推进装配式建筑、星级绿色建筑工程项目应全装修交付，积极发展成品住宅，倡导菜单式全装修。提升住房城乡建设信息化水平，建立完善建筑工程设计、施工、验收、运维全生命期的信息化标准体系，加强自主建筑信息模型（BIM）技术研究和应用，实现工程信息的有效管理和共享。研究人工智能在工程领域的应用，研究基于人工智能技术的衍生式设计模式、施工图自动识别技术，研究开发基于 5G 和 BIM 等技术的数字化设计集成应用系统和标准体系、智慧工地集成应用系统和工程总承包项目多方协同系统。同时，重点推动可再生能源综合优化设计、建筑光伏一体化技术、直流供电技术、源网荷储系统集成控制、规模化智能微网等技术。协同开展装配式建筑与智慧低碳交通、水资源高效利用、立体园林绿化、垃圾资源化利用、智慧能源管理、运行阶段碳排放核算与监测示范。

（二）推动绿色建材和绿色建造研发及应用

1. 加大绿色建材研发投入，规模化推广绿色建材应用

（1）从目前到 2025 年：①加大研发投入。建筑企业应加大绿色建材产品和关键技术研发投入，推广高强钢筋、高性能混凝土、高性能砌体材料、结构保温一体化墙板等，鼓励发展性能优良的预制构件和部品部件。②构建绿色建材目录。政府鼓励企业发展安全健康、环境友好、性能优良的新型建材，推进绿色建材认证和推广应用，探索建立绿色建材采信机制和绿色建材产品公共服务系统，发布绿色建材认证信息，畅通选用通道，实现产品质量可追溯。③建立绿色建材试点。以政府为主导，在政府投资工程中率先采用绿色建材，显著提高城镇新建建筑中绿色建材应用比例。④优化选材提升建筑健康性能，开展面向提升建筑使用功能的绿色建材产品集成选材技术研究，推广新型功能环保建材产品与配套应用技术。

（2）2025~2030 年：规模化推广应用阶段。建筑企业率先选用获得绿色建材认证标识的建材产品，建立健全政府工程采购绿色建材机制。建筑企业应持续加大绿色建材应用力度，政府应鼓励在绿色建筑、装配式建筑等工程建设项目和政

府投资工程项目中优先选用绿色建材产品，雄安新区政府投资和使用财政性资金的新建工程全面采用绿色建材。到 2030 年，星级绿色建筑全面推广绿色建材。鼓励有条件的地区使用木竹建材。在城镇新建建筑中大幅度提升绿色建材的应用比例，在既有建筑节能改造中全部采用绿色建材。到 2030 年，在河北省选择试点地区建成一批绿色农房和零碳农房。鼓励就地取材和利用乡土材料，推广使用绿色建材。

2. 依据建筑标准化设计，大力提升部品部件生产标准化水平，提高现在装配式施工水平，推广新型绿色建造方式

（1）到 2025 年，大力发展钢结构建筑。①政府应鼓励医院、学校等公共建筑优先采用钢结构建筑，政府投资的单体建筑面积超过 2 万平方米的新建公共建筑率先采用钢结构。开展钢结构在商品住宅中应用的相关技术、标准、政策研究，加强钢结构装配式农房建设技术研究，积极推动钢结构装配式住宅和农房建设，完善钢结构建筑防火、防腐等性能与技术措施。支持龙头企业加大技术攻关力度，突破钢结构建筑关键技术，形成自主可控技术优势，增强核心竞争力。②推广装配式混凝土建筑。在商品住宅和保障性住房中积极推广装配式混凝土建筑，完善适用于不同建筑类型的装配式混凝土建筑结构体系，加大高性能混凝土、高强钢筋和消能减震、预应力技术的集成应用。因地制宜发展木结构建筑。③推广成熟可靠的新型绿色建造技术。完善装配式建筑标准化设计和生产体系，推行设计选型和一体化集成设计，推广少规格、多组合设计方法，推动构件和部品部件标准化，扩大标准化构件和部品部件使用规模，满足标准化设计选型要求。到 2025 年城镇新建装配式建筑占当年新建建筑面积比例达到 30% 以上。④推进建筑全装修。倡导菜单式全装修，满足消费者个性化需求。推动装配化装修方式在商品住房项目中的应用，推广管线分离、一体化装修技术，推广应用集成化模块化建筑部品，提高装修品质，降低运行维护成本。⑤优化施工工艺。推行装配化绿色施工方式，引导施工企业研发与精益化施工相适应的部品部件吊装、运输、安装等施工工艺，宣传使用钢筋定位钢板以及相关设备工具，提高施工现场中材料搬运、钢筋加工、高空焊接等环节的工业化水平。为施工企业提供

编制施工工法的支持，促进技术工艺和技能队伍的转型升级，提升专业技术水平和精益化施工的能力。

（2）到2030年，政府将持续加强绿色建造试点工作，争取实现工程建设集约化和精细化设计、施工。同时，建筑企业应提炼可复制推广的绿色建造经验并开展示范工程，以促进工程建设的可持续发展。此外，绿色建造创新中心的培育也将加速，以促进关键核心技术攻关及产业化应用的进展。研究制定绿色建造政策、技术和实施体系，颁布绿色建造技术指导方针和计价标准，建立全过程覆盖工程建设的绿色建造标准。在政府投资工程和大型公共建筑中全面推广绿色建造；积极落实建筑垃圾减量化工作，鼓励建筑垃圾的高效处理和再利用。同时，探索打造研发、设计、建材和部品部件生产、施工、资源回收再利用等一体化协同的绿色建造产业链。

（三）构建低碳运行和再生回收体系

1. 构建建筑低碳运行格局

（1）加强绿色建筑技术在既有建筑改造中的应用。一方面，制定有关规章制度，为促进既有建筑改造的绿色化，政策引导是必要的。另一方面，采用设立基金提供低息贷款等途径，增加投入力度，推进旧房节能改造。改造目标包括提高舒适度、降低能耗和环境污染。改造内容涵盖：新增外墙保温设施；更换高效门窗；大规模改造供热系统，拆除褐煤供热锅炉；安装热气锅炉及燃气发动机热电联产装置；集中供应居民热水以及安装新的散热器和自动温控阀等。

（2）明确运行维护义务履行主体。明确绿色建筑运行维护法律制度的主体定位十分重要。若缺乏主体权限明确，当绿色建筑设施设备出现问题时，各方可能会推诿，从而妨碍其效益发挥。因此，完善制度的前提是要明确主体。首先，必须让所有权人或使用权人承担运行维护义务，因为主要利益归他们所有，同时这也是法治的要求。但由于主体众多和专业能力不足等问题，应该鼓励所有权人或使用权人寻求专业的绿色物业服务企业来进行维护管理。其次，应当明确，物管企业或节能服务公司应遵守服务合同所规定的运行维护义务。最后，政府需履行监管职责，以确保绿色建筑运行维护符合国家和地方标准，同时降低运行维护成本并充分发挥其他主体作用，以推动法律制度健康发展。

（3）完善运行维护的法律保障。①完善激励措施。外部成本内部化是实现绿色建筑运行维护可持续的关键，除了要内部化外部成本外，还需更全面完善的激励措施。其中，一方面应加强物质激励，另一方面要注重精神激励。此外，为明确激励措施的实施，对多个主体间的沟通与协调存在的难度，应创建更有效的合作制度。②重视强制措施。若无强制措施，运行维护相关主体自觉意识不强，需实现"硬约束+软激励"相结合。首先，完善法律责任。建立完善的规章制度，要求运行维护主体不得故意毁坏保护节能设备等，并对滥用权力而损害所有权或使用权利益的主体予以法律追究。其次，需要加强法律监管。对于绿色建筑的运行维护，不仅需要自上而下的监督，更需要完善横向监督。政府应自觉接受社会监督，这既是保障政府依法行政的前提，也是提高行政效率的必要条件。

2. 构建建筑行业垃圾再生回收体系

（1）垃圾分类。为提升建筑垃圾管理水平，各地应进一步完善分类管理措施，按工程渣土、混凝土、砖瓦、路面沥青、轻质材料（如木料、塑料、布料等）、金属材料等进行分类划分，并推行分类存储、运输、消耗与利用。同时，严禁工业垃圾、生活垃圾等混入建筑垃圾，对含有危险废物的建筑垃圾，应按照环保相关规定进行处置和监管。

（2）回收处理。在编制施工（拆除）组织方案时，需制定具体措施，如定点存放、分类管理、环境保护、清理运输等，以确保现场建筑垃圾的有效处理。同时，需要加强对装饰装修垃圾的分类存放及统一清运管理等，并协调物业服务企业或街道办事处的参与。

（3）再生处理。设计或修改资源利用技术准则和再生板料、再生制品等标准；协助企业制定超过国家和行业标准的内部控制标准。着重研发和应用垃圾分类工艺技术、再生骨料强化技术以及再生建材生产技术。

（4）资源化利用与产品应用。建议各地根据本地实际情况有效开发建筑垃圾资源，并推广使用质量达标或带有绿色建材标识的再生产品，尤其在政府所投资的市政基础设施、海绵城市建设、房屋建筑等方面应予以优先考虑。

三、数字化智能协作体系建设

随着数字化时代的到来，客户需求更加注重个性化、信息化和工业化的深度融合，并且供应链的开放合作已成为经济发展的基本特征。这是数字经济发展的趋势，同时是实现高质量发展的基本要求。为了适应这一趋势，建筑业企业必须加速信息化、数字化和智能化的发展进程，摆脱粗放型劳动密集型的生产方式，推动全要素数字化及信息共享，构建建筑行业全要素数字模型，搭建建筑行业数字化平台，实现建筑设计、施工、运维等各个环节的数据和技术的协同应用，推广建筑全生命周期的碳智能管理模式，推进建造与建筑智能化更好地结合，加快行业科技创新的节奏，促进深度合作，构建行业生态新体系。如图7-3所示。

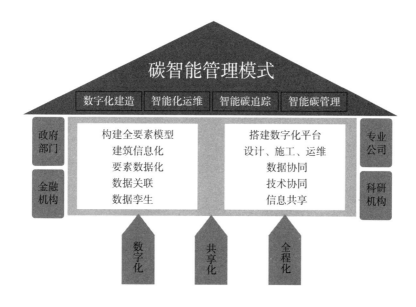

图7-3　建筑行业全生命周期碳智能管理模式示意图

（一）推动行业全要素数字化、平台信息共享化及数字管理全程化

1. 政府需要完善建筑领域科技创新平台信息共享机制

一是要优化科技创新平台性能，推进行业创新平台与大型科研仪器设备的共

享，以此为低碳建筑领域科技创新提供实验条件支撑，借助云终端等技术，实现科研资源的共享。

二是要深化校企合作，推进解决数据资源的孤岛问题，从平台内容设置、资源共享、研究合作等方面开展协调创新。

三是要优化建筑行业工匠人才培养资源，为培养优秀建筑工匠人才提供资源支撑。

四是加强信息技术应用，为行业提供碳量化工具和算法，实现数字赋能建筑产业；协同相关应用的开发商与集成商通过社会化的方式提供各类应用系统、子平台，并根据用户的实时使用情况与反馈迅速地升级；通过提供专业技术支撑，为建筑行业提供定额、BIM 构件库、工艺工法、指标信息、材价信息、劳务信息及行为数据等各类专业信息与数据服务，助力建筑行业数据质量的高效管理。

五是要以数字建筑建设项目全生命周期管理为主线，为推动建设工程质量安全数字监管应用场景一体化建设，建立数字建筑云平台，实现政企联动、行业联动、多元主体协同的新发展格局。构建跨层级、跨地域、跨系统、跨部门、跨业务的数字项目、数字企业、数字建筑业或数字住建的建设工程质量安全数据综合管理，积极推进数字建筑的创新成果转化，以达到低碳管理的目标。

2. 专业公司可借助数字化技术，开发数字管理平台，助力低碳建筑设计，降低碳排放

首先，数字化技术的应用可以提升建筑产业的生产效率，并实现成本和能源消耗的降低，进而推动该行业快速高质量发展。利用数字经济的力量，促进数字技术的绿色低碳升级，应用绿色设计理念于数字技术新基建建设中，全程贯彻绿色低碳理念，使其成为数字技术产业体系发展的基础。通过数字技术的升级，推动绿色低碳技术的发展，优化建筑产业的全链条运营效率，实现资源的回收和再利用，以达到减少碳排放、提高效能的目标。

其次，结合数字化软件，可进行建筑碳排放的模拟和测算，同时，实现建筑低碳化设计和参数化控制，包括声、光、热、室内空气质量等方面。另外，结合

数字技术和环境科学可精准计算建筑的碳排放值，提高低碳效应。此外，应融合数字控制技术和生物技术、防污染技术、再循环与资源替代技术、生态型能源供应技术及环保技术，打造与自然环境共生的建筑节能技术体系，达到减少碳排放的目的。

最后，数字技术在使用和管理上具有诸多优势，可将数字管理系统、给排水系统、供配电系统、照明系统等子系统串联起来，形成以中央计算机系统为主体的综合系统。通过该系统实现对所有机电设备和能源的自动控制以及电讯网络的自动控制，以确保建筑物设备的高效合理运行。

（二）构建建筑行业全要素数字模型

构建建筑行业全要素数字模型，深度挖掘建筑生命周期数据价值，需要多主体共同参与，以科研机构为主，专业公司为辅共同推进工作展开。

1. 科研机构负责构建建筑行业的全要素数字模型

一是将传统建筑方式转为建筑信息化，通过 BIM 技术，让工程的设计、建造、管理都变得数据化、可视化，在建筑的全生命周期进行数据共享和传递，通过"技术+信息+数据"，让整个过程的效率得到提高，沟通变得更加简单。

二是通过 BIM 汇总项目技术、生产、质安、商务等管理过程数据，人、机、料、法、环等生产要素数据，通过视频实时监测，现场情况一目了然，内嵌管理规范、行业大数据对比，精准定位问题，提供决策建议，数据结构化存储，积累项目和企业数据资产。

三是通过 BIM 将施工现场实际数据与三维模型进行关联，在模型中直观呈现现场的生产、技术、质量、安全、商务等业务管理数据，以及人、机、料、法、环等生产要素数据，实现虚拟模型与实际建筑的虚实结合，便于对现场直观的了解。还可切换浏览模式，通过沉浸式漫游对现场情况进行模拟巡检。

四是建筑业需积极融合新一代信息技术，推动 BIM 技术在全生命周期内的应用，构建支持 5G、物联网、人工智能的数字化工地。同时，致力于建立 BIM 为基础的智能化设计、建造与运维的建筑产业互联网平台。

2. 专业公司深度挖掘建筑全生命周期的数据价值

第一，借助BIM技术，专业公司能够有效地积累和共享历史数据。在类似的工程项目中，这些参考数据可以被及时调用，提高工程造价指标、含量指标等有借鉴价值的信息的应用，促进工程项目的审核与估算。这有利于提高企业工程造价全过程的管理能力和企业核心竞争力。

第二，专业公司可以通过对建筑数据进行分析，实时调整和准确调用相关数据，从而提升决策质量，加速决策进度，降低项目管控成本，保障项目质量，最终实现数字化建造业务模式的效益提升。

第三，专业公司还需加强全过程成本控制。在建筑项目管控过程中，一个合理的实施计划可以事半功倍。运用BIM技术建立三维模型能够为资金计划、人力计划、材料计划以及设备设施计划等提供更佳、更准确、更完善的数据基础，进而支持这些计划的编制与使用。BIM模型可以为工程量添加时间信息，展示不同时期的工程量和造价，这有利于各种计划的制订，实现资源的合理安排，从而有利于工程管控过程中的成本控制计划的制订和实施，同时有利于合理安排各项工作，高效利用人力物力资源和经济成本。

第四，提升专业公司的工程量计算准确性和效率是多方面的，其中之一是采用BIM技术进行自动算量。与传统的手工计算和二维软件计算相比，BIM技术具有更高的客观性和效率，其可利用三维模型对规则或不规则构造物进行精确计算，实时完成三维模型的实体减扣计算等。这种方法在效率、准确度和客观性方面都更具保障。

（三）鼓励搭建行业数字化平台

1. 为了推进和提升建筑行业的数字化平台，政府部门需采取措施

第一，政府管理部门应确立一套完善的数字标准系统，以规定建筑市场的数字化操作。接着，政府应加快建筑行业数字化平台的设计、建设、技术应用、验收评估和安全保障等方面的标准建立及推广，为标准体系的构建铺垫。同时重视企业的主导作用，倡导企业联合制定地方标准、技术以确保数字资源在整个生命周期内得到规范化，并升级完善全产业链标准体系，打造智能化、信息化的数字

化管理平台。此外，政府应制定切实有效的激励政策和管理办法，提高企业数字化建设的积极性。各地需在现有政策的基础上，加强产业政策和地方发展规划的协调配合，注重整体规划，为建筑行业数字化升级和数字化平台构建提供有力支持。

第二，企业需要优化数字化顶层设计，加速建立建筑产业数字平台，实现企业管理与项目管理数字化。为提高建筑市场效率，企业需构建全生命周期的信息沟通平台。该平台整合政府、行业市场主体的信息，可为建筑市场提供宏观分析、监管政策决策分析及规建管一体化数字生产线，实现多场景应用的数字化项目管理平台。BIM建造、智慧劳务、智慧物料、智慧安全、智慧商务等场景应用可助力项目细致管理，推进企业转型升级。为推进建筑产业数字化转型与信息化升级，企业需高度重视数字化创新交流平台的建设。借助政府、科研院所和社会公众等协同作用，推动产业数字化转型知识创新和应用领域的需求创新。这一过程可促进建筑产业各方之间的数字平台连接，形成一个集研发设计、建造施工、产业跟进、运营维护于一体的协同生产系统，同时实现产业链、价值链和数据链的无缝对接，从而全面提升建筑产业的现代化水平。

第三，需要加强建筑行业数字化人才体系建设。①企业必须采取有效措施，在数字人才的培养、使用、引进、配置等方面建立长期有效的激励机制，以确保企业数字化平台建设顺利进行。②高校应该扩大招生规模，加强智能建造技术和建筑信息化技术专业的培养，并明确专业培养目标，全面培养土木工程和数字技术复合人才，覆盖技术研发、设计、施工、生产、管理等方面。③应充分利用现有的国内外职业教育资源，采用校企联合的方式，加强对企业现有人员的再培训，并将数字技术与建筑行业人才融合。④应充分发挥国家和地方产业平台的作用，为建筑企业的数字化转型提供智力支持。综上，政府、学校、企业应共同努力，为建筑业数字化转型和数字化平台建设提供坚实的组织保障和人才支持。

2. 专业公司应加快实现建筑设计、施工、运维等各个环节的数据和技术的协同应用，实现各主体间信息共享

一是基于BIM、物联网、移动应用、数据仓库等新一代先进信息技术与施工

现场深度融合，形成建设项目综合管理与调度的中枢系统，构建数字化管理平台，实现项目投资管控、设计管理、进度管理、安全管理、质量管理、甲供材料管理、工程资料管理等项目全要素、工程项目全过程的业主综合项目管理，对施工项目执行进行智能化、信息化控制。

二是运用智慧化管理技术实现信息技术与建筑工程施工安全管理深度融合，构建集项目集管理综合驾驶舱、智慧人员管理、智慧进度管理、智慧质量管理、智慧安全管理、智慧物料管理、智慧设备管理、智慧环境管理模块、智慧成本管理模块九个模块为一体的数字化管理平台，规范和引导智能信息化在企业所属工程项目施工过程中的应用，实现各个部门之间实时的信息共享，提高工程项目生产效率和管理效率，提高工程项目质量安全管理水平，实现工程项目的数字化、精细化。

三是以物联网技术为核心，依托物联网、互联网，建立云端大数据管理平台，形成"物联网+云计算+大数据"的业务体系和新的管理模式。在建筑行业管控全链条上，以促进建筑行业信息化发展，为建设行业监管机构、建设、设计、施工、监理等各方主体提供信息化工地的整体解决方案，打通从一线操作与远程监管的数据链条。实行劳务、安全、环境、材料各业务环节的智能化、互联网化管理，提高建筑工地的精益生产管理水平，帮助建设单位和施工单位更加科学有效地实现工地透明化、可视化管理。

（四）推广建筑全生命周期的碳智能管理模式

1. 政府要规划低碳建筑全生命周期管理，实现多阶段减碳有机结合，进一步推广建筑全生命周期的碳智能管理模式

一是不断推陈出新，从软件、数据和服务三个方面推进物联网技术在低碳建筑领域里的应用，用创新技术和解决方案赋能建筑楼宇向智能、健康、安全、高效、可持续发展的方向发展。

二是倡导低碳建筑全生命周期管理的服务理念，为客户提供低碳楼宇物联网、能源优化、升级改造等服务管理解决方案，从而更好地提升能效、提高用户体验、降低成本以及对环境的影响，为人们美好生活建设添砖加瓦。

三是推行工程总承包模式，推广 BIM 信息管理系统，进而实现建筑全生命周期的信息化智能管理。借助推行工程总承包模式的方式，充分整合项目规划、设计、构件生产、施工、验收和运行资源，实现全生命周期成本优化。充分考虑工程总承包模式的设计、采购和施工一体化特性，发掘总承包商潜在价值以达成共赢目标，并推广 BIM 信息管理系统应用来实现全周期信息化管理，支持各参建方的沟通协作、减少建设成本和风险，进而保障建筑质量和施工安全，以及移交与维护等项目后期工作的顺利完成。

四是建立起绿色建筑设计、施工、监理、验收、运营、拆除、回收等各个环节全生命周期的管理模式，提高建筑绿色低碳化管理标准和水平，使建筑全生命周期碳减排指标落地。制定包含建筑生命周期碳减排率的绿色低碳建筑专项规划，对新建建筑的全生命周期碳排放，应将参考建筑的减排率作为约束指标，将远期发展目标落地到近期的实施，将碳减排率与绿色建筑专项规划相结合，从规划、设计、建造扩展到运行管理、拆除的全生命周期，把绿色低碳发展理念延伸至建筑全领域、全过程及全产业链。

2. 专业公司要利用绿色建筑云管理系统等智能化技术实现绿色建筑的数字化建造、智能低碳化运维、碳追踪及碳管理

第一，要推进建筑工业化，并以智能建造为手段、以绿色化发展为目标为基础。主要是按照政策、标准、技术、产品和管理的融合思路，加快建筑工业化、智能化、绿色化的融合发展。

第二，在技术融合中，集成绿色、智能技术的构成元素是建筑技术集成应用发展的主要手段，如通过应用预制夹层保温墙板实现保温、隔热一体化，利用工业化装修技术落实绿色施工，以及采用数字化建筑、智慧工地、BIM 技术等智能化手段提升装配式建筑的质量和管理效率。

第三，产品研发过程中，应结合绿色发展理念和信息化技术，推动绿色建材和信息化技术在装配式建筑中的应用，例如使用建筑再生材料、结构保温装饰一体化产品、无线开关等。

第四，采用智能管控平台可实现初步设计、施工图设计及施工监管等环节的

数据打通，提高管理效率，同时保持对装配式建筑、智能建造、绿色建筑的统一管理要求。主要方法是将 BIM 技术与 MES 等管理软件有机地整合，以打通绿色建筑产业链。使用 BIM 的模型技术模拟图纸设计效果，并将建筑模型导入 BIM 软件，便可生成部件材料采购清单。在信息化和智能化技术的支持下，设备和生产线效率可得到提升，为实现绿色建筑数字化建造打下坚实基础。

第五，数字化技术助力建筑行业数字化转型。采用 5G、物联网、人工智能、BIM 等数字化技术在工程建设中推广，促进了绿色建筑与新技术的结合，推进建筑行业创新发展。BIM 技术可在建筑设计、建造和运营全周期进行模拟和管理分析，了解建筑对周遭环境的影响，也了解环境对建筑的影响，进而采用更节能环保的方案，打造更绿色、生态、人性化的建筑。借助 5G、物联网和人工智能等技术，可进一步实现智能化的运营和维护，提高建筑的效益和可持续性。此外，BIM 技术还可促进建筑行业的协作与信息共享，提升其整体素质和竞争力。

第六，借助数字化技术，协同与优化施工组织。利用大数据集成建筑各阶段信息，有利于后续绿色运营管理，以及有效实现建筑的碳排放数字化管理。

四、保障支撑体系建设

（一）加强科技支撑

到 2025 年，加强相关设备与技术的研发，优化移动型建筑垃圾回收设备，降低其运行费用，加大研发建筑垃圾分类回收、堆存与处理的技术，提高建筑垃圾处理及资源化利用的整体水平。

到 2030 年，加强建筑垃圾回收机构的建设，协调专家资源，对建筑垃圾回收的相关技术进行指导，解决建筑垃圾回收设备难以固定生产的技术难题，改善建筑垃圾回收工作的工作环境，增强工作人员的效率，提高回收资源的可利用率。革新建筑行业的施工技术，推动零碳建筑体系技术的研发，实现建筑行业向绿色低碳转型，从源头减少建筑垃圾的产生。

（二）加强政策支持

到 2025 年，加大政策扶持，对决定进行建筑垃圾资源化利用的企业实施相关税收优惠、贷款贴息等政策，降低建筑垃圾管理等各个环节的成本，增强企业进行建筑垃圾管理工作的内在动力。加强技术支撑，稳定对城市建筑垃圾处理及再加工技术改进的资金支持或人才培养，建立并维护建筑垃圾网络信息互动平台，加强信息交流，提高资源利用率。加大监管力度，实现对建筑垃圾管理工作的各个环节的有序监管。

到 2030 年，加大规划先导的力度，逐步转变城市发展方式，规划建立绿色节约型的社会。明确政策导向，完善建筑垃圾回收的技术标准，增加再生制品质量，提高参与建筑垃圾资源化利用的企业及个人的积极性。建立健全有序的市场运作机制，完善建筑垃圾运输市场相关法律法规，提高建筑垃圾的管理工作效率，推动建筑垃圾资源化产业发展。

（三）加快人才培养

将碳达峰碳中和作为建筑产业人才培养的重要内容，加快对各级各类绿色建造技术及管理人才的培养，提高河北省建筑产业绿色低碳发展能力。从人才梯队的角度来说，培养范围包括建筑产业战略科技人才、科技领军人才、企业家、现代化管理人员、专业人员和产业工人；从人才技能的范畴来说，包括建筑设计、建材生产、建造施工、建筑类企业管理、建筑运行管理、数字化技术人才等。

培养方式可以多元化，包括采用校企联合的方式，开设绿色建造相关课程，以培养后备人才和对现有人员进行继续教育；采用现场交流学习的方式，由低碳建筑示范工程管理者和技术人员在建筑现场对行业有关人员进行培训交流；采用线上视频课程公开的方式，由主管部门协同高校或资深技术和管理人员录制系列教育课程，向行业企业公开，鼓励企业在线学习。对于所培养的人才，要提供优化的用人机制，要以习近平总书记《深入实施新时代人才强国战略加快建设世界需要人才中心和创新高地》的讲话精神为指导，坚持用好用活人才，大胆使用青年人才，激发创新活力，放开视野选人才、不拘一格用人才。

(四) 加强宣传引导

深入推进碳达峰碳中和，应加快推动整个建筑产业生产方式、生活方式、思维方式和价值观念的全方位、革命性变革。为此，应积极运用各种媒介、各级组织和各种形式，加强绿色低碳意识的宣传引导工作，围绕建立清晰认知并把握绿色低碳技术转型工作面临的形势和任务，深刻铭记实现绿色低碳技术转型目标的紧迫性和艰巨性，有的放矢推动绿色低碳技术转型宣传工作取得实绩、发挥实效。

具体地，积极开展政策宣贯、技术指导、交流合作、成果推广，包括定期组织召开新闻发布会、情况通报会等，深度报道绿色建筑的相关政策制定、管理机制创新、实践探索实践、"四新"技术应用等方面创新举措。举办比赛竞赛、经验交流等多种活动，增强规划、设计、施工、运行相关单位和企业人才业务水平。提升对优秀项目、典型案例的宣传力度，营造政府有效引导、企业自觉执行的良好氛围。编写绿色生活宣传手册、组织降碳为主题的宣传活动等方式倡导绿色低碳生活方式，配合开展好"全民节能行动""节能宣传周"等活动，积极呼吁简约适度、绿色低碳、文明健康的生活方式，大力鼓励社会各方力量参与降碳行动，增强全民节约意识、生态环保意识，形成社会各界支持、群众积极参与的浓厚氛围。

第三节　河北省建筑行业绿色低碳技术转型战略实施的技术路线

根据上述对于河北省建筑行业绿色低碳技术转型战略技术路径的描述，将绿色低碳技术转型战略分为"当前至 2025 年"和"2025~2030 年"两个建设期，针对每个建设期的战略实施内容，表7-1进行了概括性说明。

表7-1 河北省建筑行业绿色低碳技术转型战略实施的技术路线

		当前至 2025 年	2025~2030 年
工作机制建设	加强组织领导	加强对建筑行业双碳工作的统筹协调，定期对各地建筑行业双碳工作进行调度，督促各项目标任务落实落细	
	示范工程引导	推动公共建筑和保障性租赁住房中近零能耗建筑示范工程的建设	
		在多地将超低能耗建筑近零能耗建筑、零碳建筑建设的示范范围推广到居住建筑领域	
		实现新建建筑全为绿色建筑，其中达星级标准的占比不得低于50%	
		进一步提高绿色建筑品质和星级标准的绿色建筑占比	
		确保城镇新建装配式建筑占当年新建建筑面积比例达到30%以上	
		在工业建筑领域全面推广钢结构装配式建筑，在低层公共建筑和住宅及平改坡等工程推广木结构装配式建筑	
		培育一批建筑垃圾资源化利用龙头企业，支持企业或个人参与建筑垃圾资源化利用项目	
		应不断提升建筑能效水平，将城镇公共建筑节能标准由65%提升至72%	
	绩效考核推动	建立统计监测制度，完善分建筑类型、分区域碳数据统计核算方法，提升统计核算数字化、信息化水平	
全过程低碳建造体系	建立标准及认证体系和规范设计流程	城镇新建绿色建筑占新建建筑面积的100%	
		全过程低碳建造体系全面建立，将城镇公共建筑节能标准提升至85%左右	
		新建星级绿色建筑占当年新建绿色建筑面积比例达到50%以上	
		政府持续加大财政补贴力度及绿色金融等方面给予激励，完善绿色认证体系	
		大力推广装配式建筑，保证新建装配式建筑占比达到30%	
		建设高品质绿色建筑，推进装配式建筑核心技术突破以及可再生能源综合优化设计	

		当前至 2025 年	2025~2030 年
全过程低碳建造体系	推动绿色建材和绿色建造研发及应用	发展性能优良预制构件和部品部件,构建绿色建材目录,实现产品质量可追溯	
		鼓励绿色建筑、装配式建筑等工程建设项目和政府投资项目中优先选用绿色建材产品	
		城镇新建装配式建筑占比达到30%以上	
		政府主导持续深化绿色建造试点工作,构建覆盖工程建设全过程的绿色建造标准体系	
	构建低碳运行和再生回收体系	从政策层面引导绿色建筑技术在既有建筑改造中的应用	
		明确运行维护义务履行主体,使得设施设备出现问题时,快速确定责任主体	
		完善运行维护的法律保障,完善运行维护法律制度中的义务规定,加强法律监督	
		垃圾分类　　回收处理　　再生处理　　资源化利用与产品应用	
数字化智能协作体系建设		推动全要素数字化、平台信息共享化及数字管理全程化,提升建筑行业数据质量和碳管理效率	
		构建建筑行业全要素数字模型,深度挖掘建筑全生命周期的数据价值	
		鼓励搭建建筑行业数字化平台,实现建筑设计、施工、运维等各个环节的数据和技术的协同应用,实现各主体间信息共享	
		推广建筑全生命周期的碳智能管理模式,利用绿色建筑云管理系统等智能化技术实现绿色建筑的数字化建造、智能低碳化运维、碳追踪及碳管理	
保障支撑体系建设	加强科技支撑	加强建筑垃圾分类回收、堆存与处理技术	
		加强建筑垃圾回收机构的建设,改善建筑垃圾回收工作的环境,提高回收资源的可利用率	

续表

		当前至 2025 年	2025～2030 年
保障支撑体系建设	加强政策支持	对进行建筑垃圾资源化利用的企业实施相关税收优惠、贷款贴息等政策	
		规划建立绿色节约型的社会，建立健全市场运作机制，提高建筑垃圾的管理工作效率	
	加快人才培养	将碳达峰碳中和作为人才培养的重要内容，加快对各类绿色建造技术及管理人才的培养	
	加强宣传引导	深入推进碳达峰碳中和，加强绿色低碳意识的宣传引导工作，加快推动整个建筑产业生产方式、生活方式、思维方式和价值观念的全方位、革命性变革	

第八章　总结及展望

在项目组老师和同学的齐心协力下，本书终于画上了句号。根据项目研究的设定，本项目组针对企业和行业做了调查，收集了宝贵的一手数据，也利用互联网和学校图书馆等渠道做了二手资料的研究。虽然由于疫情的原因，导致不能更多地到企业现场与管理者进行交流，但也尽最大能力拿到了研究所需要的数据，在数据分析的基础上进行了研究。

在项目开展的一年时间内，本项目组针对建筑行业生态圈的国内外"双碳"政策及技术应用情况、河北省的政策及技术应用情况进行了梳理，根据材料，总结了河北省建筑行业生态圈在"双碳"成果方面的八大亮点，包括再生材料使用技术、3R 建材使用范围、装配式建筑产业发展状态、被动式超低能耗建筑发展水平、建筑节能水平、节能门窗的行业应用水平、保温材料的新技术以及太阳能建筑的规模应用范围；也明确了河北省建筑行业生态圈的五个痛点，包括建筑项目执行能力有待提升、装配式建筑优势发挥不充分、超低能耗建筑产业发展不完善、保温材料性能与节能冲突和绿色建材推广受阻。

基于上述分析结果，本书提出紧扣"四维度一布局"、加快推进河北省建筑行业绿色低碳转型的政策建议和保障措施，即从空间（城乡）、时间（产业链）、建筑物（建筑主体）和标准（节能绿色低碳标准体系和认证制度）四维度分析了制约河北省建筑行业绿色低碳转型的制约因素和不足，提出以标准和认证为依托、以多主体协同为核心、以数字技术为助力的全生命周期建筑行业绿色低碳转型战略布局，并提出相关的政策建议和保障措施。在此基础上，提出了到 2030 年河北省建筑行业绿色低碳转型的技术路径，包括工作机制、全过程低碳建筑体系和数字化智能协作体系以及以财政、金融、专业公司和科研机构为主体的支撑体系实现的技术路径。

上述研究成果为河北省建筑行业绿色低碳转型摸清了底数，提出了有前瞻性的战略，给出了具有可实施性的技术路径。未来研究可以继续深化和细化有关技术路径上所涉及的相关内容，为将有关政策和方法落地提供更具指导性的方案。

附　录

附录1　问卷情况汇总

　　本次调研多个政府部门以及13家企业，重在了解政府和企业推进"碳中和"实施现状。

　　就政府部门调研可知，河北省住房和城乡建设厅正在制定城乡建设领域碳达峰实施方案。

　　首先，在推进河北省"双碳"工作中，不断完善法律法规和标准体系，着力构建绿色低碳发展模式，完善支持城乡建设领域碳达峰的相关财政政策。但是，河北省碳达峰碳中和工作尚处于起步阶段，各项政策措施需要渗透期，工作成效未能明显体现。

　　其次，河北省在推进双碳中最主要的困难是如何协调节能减排与发展经济之间的关系，该困难是目前推动双碳工作的主要矛盾。未来还需要加强社会层面的宣传，出台关于人民群众生活方面的相关配套支持政策，鼓励引导社会大众行为节能，减少碳排放。未来保障"双碳"工作的展开，政府部门应建立健全相应奖励机制，推动各行各业碳交易，以实际收益吸引各行业主动节能。

　　最后，河北省在推动城乡建设绿色发展过程中，存在部分地区执行政策不到位的问题，部分地区政策制定太过保守，在建筑节能减排方面突破较小，应进一步加强探索意识，建立试点示范，总结先进经验。另外，应加强关键技术研究，从源头上控制建设过程碳排放。

就企业调研可知，多数企业致力于绿色低碳转型，具体情况如下：

第一，大部分公司有关于绿色低碳技术的应用规划，但时间和具体规划内容不同，例如唐山荣盛房地产开发有限公司从 2015 年开始，主要涉及装配式、保温施工工艺，被动式建筑、批量精装修等；三河雷捷房地产开发有限公司从 2017 年开始，主要使用 FS 保温施工工艺，后续工程还会开展装配式施工；河北恒大商业管理有限公司从 2010 年开始，主要在节能、节地、节水、节材及环境保护方面；中建三局一公司河北公司从 2020 年开始根据以往项目施工经验进行总结，大力推广噪声扬尘监测技术、加工棚吸音降噪应用技术、固定式喷雾降尘技术、现场洗车用水重复利用、雨水回收利用技术、铝合金模板施工技术、绿色施工智能管理系统、装配式建筑施工技术、太阳能应用技术、空气能热水器技术等 60 项新技术的应用；国电环境保护研究院有限公司（南京）从 2021 年 6 月开始，具体规划是电力行业的火电企业。

第二，企业进行绿色低碳技术应用规划主要是为了服务国家战略，贯彻落实"碳达峰、碳中和"重大决策部署，促进社会可持续发展；同时，也能帮助企业长远发展，原因在于实施绿色低碳技术，能够增强企业的竞争力。

第三，企业在生产过程中基于不同需求采用不同绿色低碳技术，且效果各异。

（1）在节能建筑方面，采用装配式和被动式建筑，其中装配式技术及节能保温施工工艺效果更佳，因为目前市场上上述两项技术相对比较成熟，应用范围广，使用靠谱、成本低。

（2）在建筑外墙上，使用建筑结构与保温一体化产品、建筑保温与装饰面层一体化产品或 FS 保温施工工艺，在降低污染的同时，也降低了人工成本，变相加快施工进度。

（3）在建造过程中，使用节能环保材料，采用预拌混凝土及砂浆，大大减少了环境的污染，提高围护结构热工性能，降低外窗传热系数，均能更大程度地减少能耗。

（4）在节能节水方面，使用太阳能热水系统、采用中水系统及节水灌溉道路清洗系统和无蒸发耗水量的冷却技术，同时种植无须永久灌溉植物，结合雨水利用进行景观水体设计，通过废水再利用，保护了水资源，有效达到了碳减排的效果。

（5）建筑垃圾分类收集与再生利用技术。实施了建筑垃圾分类收集与再生利用技术后，钢材、模板及木方等材料的损耗率大大降低，建筑垃圾的回收利用达到了 50% 以上，回收再利用的钢材占钢筋总量的 2%~3%，回收再利用的模板及木方占总木材量的 5%~8%，节省了工程实际成本，增大了工程的利润。

（6）绿色施工智能管理系统。绿色施工数字化监控技术的使用省去了人工抄表的环节，是无纸化办公，节约人工成本及办公成本。该套系统，对施工现场的噪声和扬尘超标现象能提前预防，可以有效地控制，避免因居民投诉而被政府环保部门开具罚单。该套系统可以对用水量进行监控，也能有效减少水资源的浪费，具有很高的经济效益和社会效益。

（7）再生骨料利用技术。生骨料利用技术操作简便、安全可靠，可确保工程质量，突破了传统建筑垃圾处理方式，不仅节约了建筑原材料，还节约了建筑垃圾外运的费用，降低了施工成本，具有显著的经济效益。

（8）太阳能应用技术。物质能源和风能、太阳能并列为三大可再生能源。

（9）生物质锅炉供暖技术。物质能源和风能、太阳能并列为三大可再生能源，来源广泛。采用秸秆为燃料，减少了因燃烧秸秆造成的空气污染，绿色低排放，真正绿色清洁；灰分小，烟尘含量低，作为在国家能源建设中具有重要的战略意义。

（10）封闭式管道垂直运输。该项封闭式管道垂直运输技术装置安装制作简便，可根据项目自身情况选材。通过封闭式管道垂直运输建筑垃圾，能减少施工电梯的负担，减少扬尘，做到"绿色施工、文明施工"。

（11）临时道路场地道路硬化预制技术。临时道路采用装配式板，周转使用可有效减少建筑垃圾的产生，使用装配式平时道路比整体硬化道路减少垃圾排放80%，节省了人工等施工成本，综合考虑装配板周转 5 次可降低成本 35%~40%，具有显著的社会效益和经济效益。

（12）移动式喷雾机应用技术。相比常见的土方作业过程的扬尘处理方式，风送式喷雾机节省了反复作业过程的人工费用、安全网或遮阴网费用、水资源费用，同时不产生废旧安全网、遮阴网等建筑垃圾，充分起到环保节能的良好效果。

（13）速生植物绿化技术。绿化是既环保又经济的抑制扬尘措施，通过种植速生植物对裸露土体进行水土保持、抑制扬尘，速生植物是可以移植荒地上的植物，就地取材，植物生存能力强，每平方米可节约场地硬化费、场地恢复费、场地维护费用约 300 元。需要进行绿化、抑制扬尘的项目均可采用速生种植绿化技术，该系统具有广泛应用的价值。

（14）除上述技术外，建筑行业也在大力发展光储直柔技术，实现光伏供电、智慧储能、系统直流、建筑柔性用电，使建筑在电力系统中由用能者转为产能、用能和储能三位一体系统。

第四，企业未来会基于国家政策采用相应技术，同时更侧重使用新材料、新工艺、新技术，以便在生产及使用中最大限度地降低碳排放。在节能建筑方面，企业会更多采用节能建筑材料以及动式低能耗居住建筑，打造夏热冬暖地区超低能耗绿色建筑标杆性示范项目。具体措施主要为：提高外门窗的保温隔热性能，如采用三层双 LOW－E 玻璃或真空玻璃，玻璃间冲惰性气体；采用集采暖、制冷、新风和湿处理功能为一体的设备；太阳能光伏、地热能、风能等新能源的利用等。在生产建造技术方面，采用大量预制技术，预制工厂与工地现场相结合，减少施工中建筑垃圾产出，降低人工成本和消耗，从大方向上支持国家绿色施工战略，为企业持续良好发展打下坚实基础；采用厌氧氨氧化技术，该技术是当今世界上最先进的污水生物脱氮技术，其利用亚硝氮与氨氮直接反应生成氮气，与传统污水处理工艺相比，可节省占地、投资和运行费用20%以上，节约能耗30%以上，节约药剂90%以上，全过程碳排放减少50%以上，为未来实现城市污水处理厂能源自给和能源供给提供支撑；将重点推进数智建造技术、绿色施工技术，把主要现场四节一环保进行技术突破，例如封闭降水及水收集综合利用技术、建筑垃圾减量化与资源化利用技术、施工现场太阳能、空气能利用技术、施工扬尘控制技术、施工噪声控制技术、绿色施工在线监测评价技术、工具式定型化临时设施技术、垃圾管道垂直运输技术、透水混凝土与植生混凝土应用技术。

第五，企业所生产产品有助于下游企业降低碳排放，例如相关房建设计产品为后期老百姓的使用创造了相应的碳节约优势，在保温、节能、降噪上有一定的作用；建筑过程中的传统木模板改为铝模板周转使用，利用率高、回收率高；采用太阳能路灯、节能灯、空气能灯、USB 低压充电等有助于降低能源消耗。

第六，企业在使用地毯技术过程中困难重重。

（1）建筑材料方面，一些材料笨重，在使用中带来不便，如门窗为了降低传热系数，玻璃需加厚，则造成开启过重，不便于使用，为了减轻玻璃配置，采用了填充惰性气体、采用事热条等技术措施。

（2）专业型人员少，且操作人员关于在低碳环保方面的意识薄弱，难以执行下去，后期通过培训和自学克服。另外，应继续宣传教育低碳、节能环保、可持续发展的好处。

（3）在技术应用方面，采用预制技术的厂家技术和硬件条件参差不齐，在找寻优质厂家上花费精力较多，在采用新技术开始阶段由于不熟悉，造成的材料浪费和成本有所增加。可采用引进相关方面技术人才，加强项目管理对工程施工过程的控制，及时了解国家相关法规政策，生产厂家派技术代表进驻工地等措施，做到保质保量完成工程任务。

（4）前期低碳技术推广接受程度较低，应用项目较少，不能达到广泛性全周期应用，应根据实际情况，进行标杆引领，全国进行试点工作，将先进的低碳技术进行应用，打造行业标杆，同时在各省市举办观摩会，展示相关低碳技术的应用及取得的效益，从而进行行业内的推广。

（5）图纸与产品存在误差，装配式生产出来的产品可能和图纸上所出现的设计的产品存在误差，残次品比较多，产品不合格率高。另外，安装过程中危险性高，安装过程相对比较烦琐。针对这些问题，可以采用施工单位、监理单位以及实验室多方验收的方法，保证误差最小化；就安装而言，引进专业工具对墙体的垂直度和平整度测量；多部门协调合作保证最终效果。

（6）技术创新方面，有关低碳经济的技术整体水平还比较低，仍以中低端为主，自主创新能力不强，针对该困难，应采用布局近、中、远期关键技术攻关，加强变革性技术研发和战略性技术储备，以提升未来低碳产业竞争力。

第七，未来使用低碳技术过程中，企业希望在以下几方面寻求帮助：

（1）在低碳技术推广方面，新技术的推广前期应用的项目较少，不具备普遍性，还需借助相关机构进行宣传。

（2）在新产品推广方面，为妥善解决好技术适用性与成本可承受性难点，政府应提供各项税收、补贴等优惠政策。

（3）在人才建设方面，发展低碳技术的专业人才太少，无法满足发展低碳经济事业的需要。期望得到优势科研机构和团队的支持，建立稳定支持机制，完善技术创新攻关主体布局，设立省级重点实验室和技术创新中心，建设科技信息资源平台。

（4）加强创新政策与金融市场工具的协同，结合国家碳市场建设、绿色金融体系构建等工作，以良性机制实现碳减排交易和绿色减排技术应用协同推进，以市场化手段鼓励节能和低碳创新型企业发展。

附录2 河北省建筑行业生态圈绿色低碳技术应用调查提纲

尊敬的＿＿＿＿＿＿领导：

我们是 "河北省建筑行业 '碳中和' 生态圈本底状况调研" 课题组成员 (本课题组属于河北工业大学经济管理学院生态经济与数字化发展研究中心，该中心是省社科工作办的重点联系智库)，希望就本省建筑行业生态圈有关企业和机构绿色低碳技术的应用情况进行摸底调查。特别希望能借用您十几分钟时间，回答以下与低碳技术应用有关的问题。本次调查结果仅作为学术研究使用，不会用于商业或其他目的，而且我们将对于调查结果进行匿名处理。感谢您的配合！如有任何问题，可以与本课题组联系。

课题组组长：刘璞，联系电话：＊＊＊＊ ＊＊＊＊ ＊（微信同号）

课题组协调人：李艳妮，联系电话：＊＊＊＊ ＊＊＊＊ ＊（微信同号）

1. 请您简单介绍一下贵单位或部门在推进河北省 "双碳" 工作方面的重点工作领域。

2. 贵单位在推进河北省 "双碳" 工作方面制定了什么政策吗？如果有，都是哪些方面的呢？什么时间制定的呢？这些政策执行了吗？效果如何？

3. 贵单位在推进河北省 "双碳" 工作方面还采取了其他什么措施吗？

4. 您认为，河北省推动 "双碳" 工作的成效如何？

5. 您认为，河北省在推动 "双碳" 工作方面的主要困难或障碍是什么？

6. 您认为，河北省为进一步推动"双碳"工作，还要在哪些方面出台更多的政策？

7. 您认为，河北省应如何激励各类相关机构或主体，更主动地投入到"双碳"工作中？

8. 您认为，河北省建筑行业在推动"双碳"工作方面存在哪些不足？需要在哪些方面做进一步突破。

再次感谢您对上述问题的回答！

河北省建筑行业"碳中和"生态圈本底状况调研课题组

附录3 河北省建筑行业生态圈绿色低碳技术应用调查提纲

尊敬的_____企业领导：

我们是"河北省建筑行业'碳中和'生态圈本底状况调研"课题组成员（本课题组属于河北工业大学经济管理学院生态经济与数字化发展研究中心，该中心是省社科工作办的重点联系智库），希望就本省建筑行业生态圈有关企业和机构绿色低碳技术的应用情况进行摸底调查。由于贵企业在行业内具有重要的影响和带头作用，因此，在绿色低碳技术的应用方面具有一定的代表性。特别希望能借用您十几分钟时间，回答以下与低碳技术应用有关的问题。本次调查结果仅作为学术研究使用，不会用于商业或其他目的，而且我们将对于调查结果进行匿名处理。感谢您的配合！如有任何问题，可以与本课题组联系。

课题组组长：刘璞，联系电话：＊＊＊＊ ＊＊＊＊ ＊（微信同号）

课题组协调人：李艳妮，联系电话：＊＊＊＊ ＊＊＊＊ ＊（微信同号）

1. 请问贵企业有关于绿色低碳技术的应用规划吗？如果有，是什么时间开始的？具体的规划内容是什么？如果没有，准备做这个规划吗？那么，准备什么时间开始呢？规划大概会涉及哪些内容？

2. 贵企业在进行绿色低碳技术应用规划时基于什么考虑或者说未来进行该项规划时会出于什么原因？比如，为了服务国家战略，或者为了企业的未来发展，或者为了社会可持续发展，还是说是因为上级的任务？

3. 贵企业在生产过程中现在使用了哪些绿色低碳技术吗？这些技术对于碳减排的效果如何？哪些技术的碳减排效果更佳？请进一步解释一下。

4. 贵企业未来将采用哪些有助于降低碳排放的技术？能具体说一下吗？

5. （选择性回答）贵企业的产品有助于下游企业降低碳排放吗？为了有助于下游企业碳减排，贵企业做了什么样的产品设计？

6. 在设计使用低碳技术时，贵企业曾经遇到哪些问题？是如何克服的？

7. 在未来设计使用低碳技术时，贵企业预计会遇到什么问题？期望得到什么帮助？

再次感谢您对上述问题的回答！

河北省建筑行业"碳中和"生态圈本底状况调研课题组

附录4 提交的咨询报告

紧扣"四维度一布局",推动河北省
建筑行业绿色低碳转型

建筑行业作为国民经济的支柱产业,在拉动就业、促进经济增长方面发挥着重要作用。如何推进建筑行业碳减排并快速实现碳达峰碳中和,推动产业绿色化、低碳化和智能化发展,是河北省亟须考虑的问题。

一、建筑节能与低碳发展现状

(一)绿色低碳建筑面积及数量全国领先

河北省在新建绿色建筑、被动式超低能耗建筑、建筑节能改造及装配式建筑发展等方面均取得较大进展。2021年1~9月,全省城镇竣工绿色建筑面积占新建建筑面积的99.17%,较上年同期增长5.73%。2021年,全省累计建设被动式超低能耗建筑的建设规模居全国第一,城镇小区改造总量全国第二,惠及193万户城镇居民,培育了21个国家级、24个省级装配式建筑产业基地。

（二）行业初步具备数字化基础

河北省建筑行业大力推进 BIM（建筑信息模型）技术与 CIM（城市信息模型）平台的融通联动，全面推行各类相关企业信息化建设，开展建筑智能化应用、智慧工地等 9 项信息化示范工程，为智慧碳追踪和碳管理奠定了一定数字化基础。

（三）建筑碳排放总体增速放缓

近十年，河北省建筑领域碳排放总体上增速放缓。虽然从 2000 年到 2019 年河北省建筑行业的碳排放增长约 4 倍，但"十三五"期间（6.55%）较"十二五"（8.09%）建筑碳排放的年均增速有所下降。

二、建筑行业绿色低碳转型过程中的制约因素和不足

（一）空间维度：城乡绿色低碳转型进展不均衡

河北省建筑行业的低碳转型进程呈现城市发展快、农村进展慢的特点。农村虽然也有近零能耗建筑的产业发展布局，但整体规模较小。受传统生活习惯影响，农村生产生活过度依赖传统建筑，农村居民对绿色建材和建筑的消费能力不足，接受意愿不强，农村建筑绿色低碳转型阻力较大。

（二）时间维度：产业链绿色低碳转型协同度低

河北省绿色建材、绿色建筑增速放缓趋势明显，上游产能过剩且难以被下游稀释，产业链条衔接不够紧密。产业间协同度不高，绿色建筑相关需求带动产业发展的机制不健全，难以规模化发展。建筑行业数字化程度较低，在建筑全生命周期中应用有限。行业内缺乏信息共享导致上下游信息不对称，"数据孤岛"现象普遍存在。

（三）建筑物维度：建筑主体执行绿色低碳战略的深度欠佳

受资金、管理和技术等多方面的制约，河北省建筑主体执行绿色低碳战略深度欠佳。绿色建造成本相对较高，绿色项目建设依赖政府补贴，金融机构支撑力度不够，房地产开发商资金缺口大，建造动力明显不足。绿色建造需借助社会各主体力量将宏观决策转化为微观动力，但推动社会各主体参与的机制目前明显不足。现有技术开发不足、应用成本高成为制约绿色低碳技术发展的关键因素。

（四）标准维度：节能绿色低碳标准体系和认证制度有待完善

河北省绿色建筑起步晚、实践经验少、基础数据不足，缺乏针对性强、可行性高的绿色低碳建筑评价标准和实施细则。部分标准和认证制度与国际标准脱节，亟须制定符合本区域实际需要、接轨国际的绿色低碳新标准。

三、建筑行业绿色低碳转型的战略布局

（一）以标准和认证为依托，构建可依可信的建筑行业绿色低碳评价体系

基于河北省在被动式超低能耗建筑、近零能耗建筑和可再生能源建筑等方面的领先优势，借鉴国内外先进发展经验，紧跟京津冀协同发展和雄安新区建设需要，不断完善河北省绿色低碳建筑领域的标准或规范性文件体系，充分发挥标准的基础性作用。进一步推广绿色建筑认证，完善绿色建材产品认证，开发被动式超低能耗建筑、装配式建筑等新的认证体系。

（二）以多主体协同为核心，形成多元化的建筑行业低碳发展模式

充分利用政府在政策鼓励、检查强化、补贴激励等方面的主导作用，协同金融机构、专业机构、建筑物业主等多方主体的力量，形成"引导力+支持力+监督力"三力并举的多元化绿色低碳发展模式。

政府应优化直接奖励或补助的财政政策，引导社会资本、企业、高校及科研机构等各类主体加大研发投入。金融机构要优化金融资源的合理配置，强化建筑全生命周期的绿色金融支持。逐步将建筑行业纳入碳交易体系，健全碳汇补偿和交易机制，加快培育碳减排服务业，尽快形成建筑行业碳交易市场。支持社会资本、各级相关产业投资基金积极参与绿色建筑的发展，成为绿色建筑技术创新决策、研发投入、科研组织和成果转化的主体。高校、合同能源管理公司等专业机构要主动打造原始创新策源地，突破关键核心技术，开展综合应用示范。建筑业应积极参与绿色低碳创建活动，从用户角度倒逼建筑行业绿色低碳转型。

（三）以数字技术为助力，加速全生命周期的建筑行业绿色智慧转型

推动全要素数字化、平台信息共享化及数字管理全程化、智能化，提升建筑行业数据质量和碳管理效率。构建建筑行业全要素数字模型，深度挖掘建筑全生

命周期的数据价值。鼓励搭建建筑行业数字化平台，实现建筑设计、施工、运维等各个环节的数据和技术的协同应用，实现各主体间信息共享。推广建筑全生命周期的碳智能管理模式，利用绿色建筑云管理系统等智能化技术实现绿色建筑的数字化建造、智能低碳化运维、碳追踪及碳管理。

四、加快实现建筑行业绿色低碳转型的政策建议

（一）健全并推广行业标准与认证体系

健全绿色低碳建筑标准体系。①完善既有建筑能效测评和分级分类管理标准，健全各类建筑的节能设计标准体系；在既有建筑绿色化改造、装配式建筑、超低能耗及零能耗建筑等领域制定相关标准或规范。②完善绿色低碳认证体系。推广绿色建筑、超低能耗建筑、装配式建筑生产基地等认证工作，开发被动式超低能耗建筑、近零能耗建筑等评价与认证体系并推动相关认证工作。③完善绿色建材评价标准，推动绿色建材产品认证及推广应用。

（二）拓宽绿色建筑融资渠道与服务

引导基金投资方向。激励各类基金关注建筑行业绿色低碳转型，加大投资力度。

加大信贷倾斜力度。运用货币政策工具和财政政策工具，引导金融机构向数字减碳技术和应用扩大信贷投放，增加对行业绿色化转型的长期资金支持。

创新保险服务内容，推动保险公司提供绿色建筑性能的风险保障，为建筑行业绿色低碳转型提供全方位风险保障。

（三）加快绿色低碳技术研发与应用

以退税、奖励等措施激发建筑行业国有企业、规模型民企以及高校、科研院所等主体的技术创新动力，全面降低绿色低碳技术研发成本，推动新型节能降耗型绿色低碳技术、零碳建筑体系技术研发攻关。推动企业加快液冷、自然冷却、高压直流、余热回收等节能技术应用，降低建筑设施能耗。

鼓励重大技术示范应用。面向传统建筑开展绿色技术示范应用，合理推动示范项目与其他重点工程、科技规划的衔接，给予土地、资金、用电等政策支持，全面推动绿色低碳转型。

（四）优化产业生态圈治理体系与机制

利用政策手段，激发下游产业的需求拉动作用。发挥央企国企绿色建材采购、建筑全要素数字化及碳管理的带动作用，为减碳和碳管理提供创新应用和发展空间。鼓励引入第三方服务机构，提供"双碳+环保"贴身服务，协助企业完成碳系统设计、运行、维护和管理等，明晰重点减排方向。鼓励社会监督绿色建筑的节能降耗效果，制定奖惩办法，推动社会共治。

推进组建中国雄安绿色交易所，推动北京市与雄安新区联合争取设立国家级CCER交易市场，健全河北省环境能源交易所健全碳汇补偿和交易机制，加快培育碳减排服务业，将建筑行业纳入碳交易体系，尽早形成建筑行业碳交易市场。强化数字平台建设，推动建筑全生命周期智慧碳管理的实现。建立数字孪生技术的碳管理大数据平台，运用大数据等手段实时监测区域碳排放数据，分析区域碳排放状况；采用虚拟现实技术对复杂经济社会变化发展进行多维动态模拟研判，动态演绎碳达峰、碳中和路径。

（五）完善农村低碳转型的监督和激励机制

逐步建立以农村低能耗住宅体量和质量为中心的考评机制，完善基层干部在推广低能耗建筑方面的主体责任制度和实绩考核制度，形成"县考核、镇督查、村管理"的三级长效管理体系，鼓励和引导村级干部参与推动农村节能住宅建设。设定企业参与农村绿色低碳发展的激励机制，明确企业的权利与义务，通过研发激励、资金扶持等多种实效手段，降低农村低能耗住宅的建造成本。借助企业的市场活力，拉动农村建筑绿色低碳发展。

（六）增强节能低碳意识和执行力

开展建筑节能低碳培训课程，贯彻落实建筑领域碳达峰相关工作。以"绿色低碳"为主题，营造浓厚的节能降碳氛围。面向各级主体开展节能建筑主题宣传活动，进一步增强全民节能低碳意识，动员全社会参与节能减排。

河北工业大学生态经济与数字化发展研究中心

2022 年 6 月 20 日

进一步推进河北省城乡绿色建设宣传培训工作的建议

摘要：以推进河北省"双碳"目标下城乡绿色发展的宣传培训工作为现实背景，本报告分析了河北省城乡绿色建设宣传培训工作的现有做法，同时，归纳总结了政府支持推动河北省"双碳"目标下城乡绿色发展宣传培训工作取得的成效，并提出开设绿色城乡发展培训班、开展城乡绿色发展技术宣传交流会、召开银企接洽服务会、采取多种形式教育宣传并普及城乡绿色建设知识、鼓励高校关注绿色建筑专业教育等政策建议，以促进河北省城乡绿色发展宣传培训工作的有效进行。

党的二十大报告中指出，"实现碳达峰碳中和是一场广泛而深刻的经济社会系统性变革"，需要推进工业、建筑、交通等领域清洁低碳转型。随着城镇化快速推进和产业结构深度调整，城乡建设领域碳排放量及其占全社会碳排放总量比例均将进一步提高，城乡建设领域面临着比较艰巨的节能减排任务。为提高城乡建设者的绿色发展意识，推动河北省在城乡规划建设管理各环节全面落实绿色低碳要求，需要进一步加强绿色城乡建设宣传培训的先锋作用。

一、河北省城乡绿色建设宣传培训的做法

（一）培训宣传内容以"双碳"城乡绿色建设政策为主

河北省积极围绕"碳达峰、碳中和"目标，就国家"碳达峰、碳中和"目标和政策进行深入解读，通过实地调研考察深入研究河北省双碳工作。在"双碳"目标下，河北省积极推进住建领域绿色发展的政策宣传工作，为有效落实城乡绿色建设提供政策支持。比如，2022 年 6 月 29 日，河北省住房和城乡建设厅召开"河北省住建领域积极推动政策落实助力稳定经济运行"新闻发布会，介

绍了住房城乡建设领域、市政基础设施建设、支持建筑业高质量发展等方面的政策及实施进展，并详细解读了"绿色金融支持绿色建筑发展""绿色金融支持市政设施建设"等政策举措。

（二）培训宣传活动多由政府主办，为城乡绿色建设主体搭建合作平台

河北省目前举办的绿色发展活动主办方多为政府机构，包括河北省委、省政府、河北省发改委、省能源局、河北省生态环境厅气候处等，同时积极推进多元主体之间的协同降碳，为企业间的交流沟通、银企联合以及产学研协同搭建平台，帮助企业进行减排降碳创新。在城乡绿色建设方面，政府积极为建筑企业搭建技术合作平台、银企对接平台等，为企业面临的绿色建筑技术难题、融资困境等提供解决路径。例如，2022年10月28日，由河北省贸进会牵头举办了中国（河北）—美国建筑产业对接交流会，中美两国建筑产业绿色低碳可持续发展进行了深入交流和洽谈。此外，河北省还召开以绿色金融支持绿色市政设施建设为主题的银企对接会，以绿色金融支持推动全省绿色建设。

（三）培训宣传参与主体主要是政府人员和企业代表，推广范围逐步扩大

从活动的参与主体来看，主要是以政府部门相关人员培训学习为主，或者是由政府主办，邀请企业代表、金融机构代表等进行经验交流。同时，河北省也有一些宣传活动针对全省社会公众，鼓励全社会广泛参与。总体而言，当前河北省绿色发展宣传培训活动的参与主体还是以政府机构人员、金融机构和少数企业代表为主，涉及的参与主体范围仍然有限，对公众的宣传效果有待加强，需要进一步扩大绿色宣传推广范围和宣传力度，推动包含重点行业企业、社会公众等在内的、广泛参与的全社会低碳行动。在住建领域，河北省城乡绿色建筑宣传培训目前主要以政府住建部门为主导，以及一些金融机构、绿色建筑企业重点参与。

（四）宣传培训形式以线上线下相结合等多种方式开展

河北省各市生态环境局充分利用当地电视、广播、报纸等传统媒体，结合网络、微信、微博等新兴媒体，充分采用"线上线下相结合"的方式对"双碳"城乡绿色建设进行宣传推广。例如，河北卫视播出专题宣传节目《走遍河北》，其中重磅播出《河北城乡建设进行时——绿色建筑低碳未来》宣传片，详细展

示了河北省城乡绿色建设的发展和一些绿色示范区，包括保定市徐水区的农业示范园、雄安新区首座"被动式超低能耗绿色建筑"等。

二、政府支持推动"双碳"城乡绿色发展宣传培训的成效

（一）对城乡绿色建设的促进作用显著

截至 2022 年 5 月底，河北省已累计建设被动式超低能耗建筑 666.5 万平方米，规模占全国一半。2022 年 1～5 月，全省城镇竣工绿色建筑 2503.79 万平方米，占竣工建筑总面积的 99.51%，星级绿色建筑占比达到 52.72%，稳居全国前列。城镇新开工装配式建筑面积 929.13 万平方米，占比达到了 32.15%。这些数据说明，河北省城乡绿色建设初具成效。

（二）为城乡绿色建设争取了一定融资支持

河北省率先从省级层面出台工作措施，把绿色金融资源更高效地配置到市政基础设施建设重点领域和薄弱环节。省政府还推动金融机构与重点企业的合作，在省发改委、省能源局举办的"2022 年河北省重大能源项目政银企对接洽谈会"上，9 家金融机构为 10 家能源企业设立了总规模 5100 亿元的能源领域碳达峰碳中和专项贷款。在省住房建设厅组织召开的以绿色金融支持绿色建筑发展为主题的银企对接会上，初步达成融资意向项目 218 个、融资额度 266 亿元。

（三）形成了城乡绿色建设示范项目的影响作用

河北卫视播出的《河北城乡建设进行时——绿色建筑低碳未来》宣传片中，从建筑文化承载、与大自然和谐共生的角度出发，宣传了被动式超低能耗建筑项目颐和雅园和现代化公用建筑的中国榜样雄安新区的特色。对于这些绿色建筑示范项目的宣传推广，能够为省内其他绿色建筑项目提供具体的实践模式，形成绿色建筑示范效应。

（四）为储备绿色专业人才工作奠定了基础

由河北省教育厅主办、河北科技大学承办的"河北建投杯 2022 年河北省大学生节能减排社会实践与科技竞赛决赛"不仅提高了大学生对节能减排的关注，也为产学研绿色协同奠定了基础。该类赛事的举办在一定程度上可以提高全省大

学生科技创新能力和社会实践水平，助力河北省城乡建设绿色人才储备工作的开展。

三、进一步加强"双碳"城乡绿色发展宣传培训工作的政策建议

（一）开设绿色城乡发展培训班，加强相关机构人员的技术水平和业务能力

在政府相关人员培训方面，河北省应围绕"双碳"目标下绿色建筑、绿色节能等内容，由省住建部联合省委宣传部共同强化各市县住房和城乡建设部门相关工作人员的培训，编辑出版系列教材，旨在加强新能源建筑应用、绿色建材认定评价、建筑节能等方面技术水平和业务能力，助力河北省住建领域"双碳"目标的实现。同时，教育引导各级领导干部和相关专业技术人员将城乡发展规律与保护环境相结合，重视绿色建设中的群众诉求，实施更为合理有效的城乡绿色发展战略。

（二）开展专项城乡绿色发展技术宣传活动，形成绿色建设协同效应

在企业绿色技术宣传方面，河北省应积极开展城乡绿色发展企业技术宣传交流会，成立绿色建设技术交流协会，打造绿色建筑技术联盟平台，为企业的绿色发展和低碳转型提供绿色技术交流和绿色建设合作机会，使城乡建设的上下游企业形成绿色建材、绿色技术等供应链协同发展，促进绿色建筑技术协同和服务支持，从绿色技术供给侧和绿色建材需求侧两个方面共同促进城乡绿色发展，从而降低企业城乡绿色发展的建设成本。

（三）持续专项绿色金融服务宣传，以绿色金融促进城乡绿色发展

根据河北省建筑企业绿色转型面临的资金困境，政府相关部门应持续推动银企对接工作的有效开展，包括搭建沟通平台、召开银企接洽服务会等，使企业绿色建筑资金缺口与绿色金融有效对接，以绿色金融支持城乡绿色建设。通过吸纳更多金融机构和绿色建筑企业进入接洽平台，帮助绿色建筑企业解决融资困境，进一步推动河北省绿色城乡发展。

（四）采取多种形式加强公众教育宣传，普及城乡绿色建设知识

在公众绿色知识宣传方面，河北省生态环境厅与省委宣传部应加大联合推广

力度，采取多种形式加强教育宣传和舆论引导，普及城乡建设绿色发展法律法规、科学知识和低碳生活方式等。具体而言，可以由省住建部等相关政府部门牵头举办城乡绿色建设的创新知识、技能竞赛等宣传活动，通过新闻、报纸、微信公众号等媒体平台，加大对绿色建筑知识竞赛过程的宣传，以扩大竞赛影响力。此外，河北省相关部门还应不断创新城乡绿色建设宣传教育的思维和方式，扩大参与者的选拔范畴，进一步加大城乡绿色建设宣传力度。

（五）鼓励高校关注绿色建筑专业教育，构建绿色建设人才培养体系

在绿色专业人才培训方面，针对河北省面临的城乡绿色发展中专业人才短缺问题，鼓励在省内高校建筑类专业教育增加绿色相关的内容或开设绿色建筑类专业，培养绿色建筑类的专业技术人才，为促进河北省城乡绿色发展储备专业人才。同时，加强绿色建筑方面的校企合作，由高校与绿色建造企业联合制定绿色建筑等专业人才培养方案，定向培养企业推进绿色建筑所需专业人才，从而实现产学研的有效衔接，助力河北省城乡绿色发展。

项目负责人：刘璞

项目组成员：郑敏娜　马苓

河北省建筑行业"双碳"目标实现的技术路径建议

河北省建筑行业的绿色低碳转型关系着全省"双碳"目标的实现。为有效推动河北省建筑行业的绿色低碳转型，构建"一机制，两体系，一支撑"的河北建筑行业"双碳"战略技术路径，即：首先建立以组织领导—示范工程—绩效考核体系为核心的工作机制；其次构建全过程低碳建筑体系和数字化智能协作体系；最后建立以财政、金融、专业公司和科研机构为主体的支撑系统。

一、建立组织领导—示范工程—绩效评价的工作机制

工作机制建设在技术路径中起着总体顶层设计和指导的作用，主要包括加强组织领导、示范工程和绩效评价驱动三个主要环节。

组织领导方面：省碳达峰碳中和工作领导小组作为全省碳达峰、碳中和工作的统筹指导组织，应对建筑行业双碳工作给予充分指导。省发展改革委、省住房建设厅、省生态环境厅、省自然资源厅、省工业和信息化厅、省科学技术厅等部门要在各自分工领域内加强对建筑行业双碳工作的统筹协调，定期对各地建筑行业双碳工作进行调度，督促各项目标任务落实落细。省属国有建筑企业要发挥带头示范作用，严格落实"双碳"目标责任。

示范工程方面：建立并完善包括生产、建造和运维等维度的被动式超低能耗建筑全产业链体系，远期将超低能耗建筑示范范围推广到由社会资本投资建筑领域。在保障性住房和商品住宅等领域，推广装配式混凝土建筑，未来在工业建筑领域全面推广钢结构装配式建筑，在低层公共建筑和住宅及平改坡等工程推广木结构装配式建筑。要求具备条件的新建大型公共建筑、居住小区、工业（农业）园区及高等院校等，应安装太阳能光伏发电系统。全面推广农村住房建设试点示范，采用适宜的新型结构体系、绿色环保建造方式和建筑节能技术，建成一批功能现代、风貌乡土、成本经济、结构安全、绿色环保的宜居型示范农村住房。

绩效评价方面：推动建筑行业碳绩效管理体系的运用。包括碳数据统计监测方法的开发和统计能力建设；充分利用区块链、物联网、云计算等前沿信息技术，对建材、施工和运维阶段的碳排放数据统计和监测，探索建筑行业全生命周期碳数据统计的统筹管理；建立统计监测制度，完善分建筑类型、分区域碳数据统计核算方法，提升统计核算数字化、信息化水平；在建筑节能、绿色建筑和装配式建筑工作监督检查的基础上，加大对建筑行业其他双碳工作的监督考核力度。争取将建筑行业双碳相关指标纳入经济社会发展综合评价体系，将建筑行业双碳工作纳入对住建部门各级领导班子和领导干部综合考核评价的重要依据。

二、建立建筑全过程低碳建造体系

全过程低碳建造体系是从建筑全过程视角构建的绿色低碳建造体系，涉及设计、建造、运行和回收等主要环节。

（一）建立绿色建筑标准及认证体系和规范设计流程

一是推动绿色建筑全过程碳排放相关标准制定与完善，构建全过程、多角度的绿色建筑标准"网络"。短期内保证河北省城镇新建绿色建筑占当年新建建筑面积比例达到100%，长期来看城镇民用建筑全面推行超低能耗建筑标准，将城镇公共建筑节能标准提升至85%。

二是大力推广绿色建筑标准认证，推进绿色建材和绿色技术认证，实现全过程的绿色开发。各市县地方政府出台补贴及税收优惠政策，短期内保证新建星级绿色建筑占当年新建绿色建筑面积比例达到50%以上。长期来看要完善绿色认证体系。

三是依托相关标准规范绿色建筑设计流程，大力推广装配式建筑设计，统筹兼顾碳排放与可持续性发展。将绿色建设指标纳入建筑规划设计条件，落实到具体的建筑小区和建筑项目。鼓励建设高品质绿色建筑，推进装配式建筑核心技术突破，降低应用成本。

（二）推动绿色建材和绿色建造研发及应用

一是加大绿色建材研发投入，规模化推广绿色建材应用。建筑企业应加大绿色建材产品和关键技术研发投入。政府应探索建立绿色建材采信机制和绿色建材产品公共服务系统。建立绿色建材试点。

二是依据建筑标准化设计，大力提升部品部件生产标准化水平，提高现在装配式施工水平，推广新型绿色建造方式。短期内大力发展钢结构建筑，推广装配式混凝土建筑，推进建筑全装修，优化施工工艺。长期来看，政府应主导持续深化绿色建造试点工作，构建覆盖工程建设全过程的绿色建造标准体系。

（三）构建低碳运行和再生回收体系

一是构建建筑低碳运行格局。加强绿色建筑技术在既有建筑改造中的应用；明确运行维护义务履行主体；完善运行维护的法律保障。

二是构建建筑行业垃圾再生回收体系。进一步完善建筑垃圾分类管理办法，禁止将生活垃圾、工业垃圾等混入建筑垃圾；制定现场建筑垃圾定点存放管理制度。编制或修订资源化利用技术导则和再生骨料、再生产品等标准；重点开展垃圾分选工艺技术、再生骨料强化技术、再生建材生产技术等研发应用。

三、建设建筑行业数字化智能协作体系

数字化智能协作体系主要涉及政府部门、金融机构、专业公司和科研机构采用数字化和智能化技术进行协同和管理的体系。

（一）推动行业全要素数字化、平台信息共享化及数字管理全程化

政府需要完善建筑领域科技创新平台信息共享机制。

一是优化科技创新平台性能，推进行业创新平台与大型科研仪器设备的共享。

二是深化校企合作，从平台内容设置、资源共享、研究合作等方面开展协调创新。

三是优化建筑行业工匠人才培养资源，为培养优秀建筑工匠人才提供资源支撑。

四是加强信息技术应用，实现数字赋能建筑产业。

五是搭建数字建筑云平台，推动建设工程质量安全数字监管应用场景一体化建设。

（二）专业公司可借助数字化技术，开发数字管理平台，助力低碳建筑设计，降低碳排放

一是通过数字化技术提高各环节运行效率，降低各环节成本和能耗，从而推动建筑产业快速高质量发展。

二是借助数字化技术相关软件，进行建筑碳排放量的模拟与测算。

三是借助数字控制技术，建立以建筑与自然环境共生、减少碳排放量的建筑节能技术体系。

四是借助数字技术，串联起数字管理系统、给排水系统、供配电系统、照明

系统等子系统，形成以中央计算机系统为主的综合系统。

（三）构建建筑行业全要素数字模型。科研机构负责构建建筑行业的全要素数字模型

一是将传统的建筑方式转为建筑信息化。

二是通过 BIM 汇总项目技术、生产、质安、商务等管理过程数据，实现精准管控。

三是通过 BIM 将施工现场实际数据与三维模型进行关联。

四是积极将新一代信息技术与建筑业深度融合，建设面向行业基于 BIM 的智慧设计、建造与运维的建筑产业互联网平台。

（四）专业公司深度挖掘建筑全生命周期的数据价值

一是专业公司利用 BIM 技术可做好这些历史数据的积累与共享。

二是专业公司将数字模型贯穿全生命周期的建筑数据进行分析及复用在建筑工程管理中实时变化调整，准确调用各类相关数据，以提升决策质量。

三是加强专业公司全过程成本控制。

四是提升专业公司工程量计算准确性与效率。

（五）鼓励搭建行业数字化平台。政府部门要推动和完善建筑行业数字化平台的建设

一是政府部门应建立统一的建筑市场数字化标准体系。

二是推动企业做好数字化顶层设计，加快打造建筑产业数字平台，实现企业管理数字化，项目管理数字化。

三是加强建筑行业数字化人才体系建设和培养、使用、引进、配置等，建立长期有效的激励机制。

（六）专业公司应加快实现建筑设计、施工、运维等各个环节的数据和技术的协同应用，实现各主体间信息共享

一是基于新一代先进信息技术与施工现场深度融合，形成建设项目综合管理与调度的中枢系统，构建数字化管理平台。

二是运用智慧化管理技术实现信息技术与建筑工程施工安全管理深度融合，

构建一体化的数字化管理平台。

三是以物联网技术为核心,依托物联网、互联网,建立云端大数据管理平台,形成"物联网+云计算+大数据"的业务体系和新的管理模式。

(七)推广建筑全生命周期的碳智能管理模式。政府要规划低碳建筑全生命周期管理,实现多阶段减碳有机结合,进一步推广建筑全生命周期的碳智能管理模式

一是不断推陈出新,从软件、数据和服务三个方面推进物联网技术在低碳建筑领域里的应用。

二是倡导低碳建筑全生命周期管理的服务理念,为客户提供低碳楼宇物联网、能源优化、升级改造等服务管理解决方案。

三是推行工程总承包模式,推广 BIM 信息管理系统,进而实现建筑全生命周期的信息化智能管理。

四是建立起绿色建筑全生命周期的管理模式,提高建筑绿色低碳化管理标准和水平。

(八)专业公司要利用绿色建筑云管理系统等智能化技术实现绿色建筑的数字化建造、智能低碳化运维、碳追踪及碳管理

一是建立以建筑工业化为基础、以智能建造为手段、以绿色化发展为目标的推进方式。

二是在技术融合中,集成绿色技术、智能技术等推动建筑技术集成发展应用。

三是在产品研发过程中,以绿色发展理念和信息化技术融合引领建筑产品生产。

四是将 BIM 技术与 MES 等管理软件整合利用,打通绿色建筑整条产业链。

五是借助数字化技术加快建筑行业数字化转型。

四、建立保障支撑系统

为保证建筑业低碳转型目标顺利实现,还应构建相应保障支撑系统,主要涉

及科技支撑、政策支撑、人才支撑和宣传支撑。

加强科技支撑。加大研发建筑垃圾分类回收、堆存与处理的技术；加强建筑垃圾回收机构的建设，改善建筑垃圾回收工作环境，提高回收资源的可利用率。

加强政策支持。对进行建筑垃圾资源化利用的企业实施相关税收优惠、贷款贴息等政策。规划建立绿色节约型的社会，建立健全市场运作机制，提高建筑垃圾的管理工作效率。

加快人才培养。将碳达峰碳中和作为建筑产业人才培养的重要内容，发挥高校的智能建造、建筑信息化和土木工程的复合型人才培养基地作用，加快对各级各类绿色建造技术及管理人才的培养，为建筑企业数字化转型提供智力支持。

加强宣传引导。深入推进碳达峰碳中和，加强绿色低碳意识的宣传引导工作，加快推动整个建筑产业生产方式、生活方式、思维方式和价值观念的全方位、革命性变革。

项目负责人：刘璞

项目组成员：霍腾飞　马苓

推动河北省建筑行业能源转型的对策建议

建筑领域是我国能源消耗的三大重点领域之一。目前，我国建筑能耗已占整个社会能源消耗的40%以上，建筑运行和民用建筑建造的碳排放量之和已超过了全社会碳排放的1/3。随着国家"双碳"战略和能源转型的推进，对建筑行业提出了新要求。河北省的建筑行业目前正处于一个新旧建筑转型的关键期。优化建筑形式，推动建筑成为集能源生产、消费、调蓄为一体的综合体，实现深度参与低碳能源系统构建、调节、成为柔性负载，从"耗能型"向"产能型"建筑转变，是双碳目标下建筑行业能源转型的新思路。该思路也为河北省建筑行业发展指出了新方向，即通过对建筑本体的主动式优化来提高能源效率，将成为河北省建筑行业未来发展的重要路径。

一、河北省建筑行业能源消费的现状及存在的问题

（一）建筑行业能源消耗量大且以化石能源为重

随着社会的快速发展，建筑业能耗及其占全社会能耗的比重大幅增加。河北省建筑行业能耗居高不下，且化石能源仍是中流砥柱，短时间内很难降低化石燃料的消耗。2020年，河北省居民建筑能耗为4296万吨标准煤。据预测，2030年在基准情景下能耗为8047万吨标准煤，在高速情景下能耗将高达11419万吨标准煤。尽管近年来，河北省不断加大产业结构调整力度，但包括建筑业在内的第二产业仍呈现高耗能、高排放现象。

（二）电气化程度低于全国平均水平

《中国电气化年度发展报告2021》中指出，目前河北省电气化进程仅处于中期初级阶段，但电气化进程指数较上年增幅大于1.5。近五年，河北省内公共建筑的电气化比例在50%左右，城镇居民建筑电气化比例低于20%，农村居建低于25%，均低于全国平均水平，但整体上处于上升趋势，有较大的发展空间。

（三）河北省建筑行业碳排放量高

建筑工程实施和材料的生产过程中会消耗大量的原料并产生CO_2（例如，每生产1吨水泥熟料就会产生0.511吨CO_2）。由此可见，河北省建筑业由于不断扩大规模，排放了大量的CO_2。目前，河北省建筑行业碳排放总量仅次于山东省，位居全国第二。

（四）能源供给保障难度不断加大

河北省能源消费规模不断扩大，2021年全社会能耗总量为32590.1万吨标准煤，全省一次能源生产量为6949.5万吨标准煤。长期以来，河北省能源消费总量均远高于河北省一次能源生产总量，有研究显示，2021年河北省建筑能耗预计达到8391.76万吨标准煤。

二、目前河北省建筑行业能源消费的不利影响

(一) 不利于建筑行业的可持续发展

目前,我国城镇每年新增建筑面积为 16 亿~20 亿平方米,既有建筑面积超过 500 亿平方米,约 70% 以上属于高耗能建筑。河北省高耗能的建筑方式和建筑技术有很大关系,建筑的过程每一个阶段都是耗能的过程。建筑行业如果只注重发展而不关注这个高消耗问题就会影响建筑行业的可持续发展。

(二) 对河北省内生态环境造成影响

煤炭等化石能源的过多使用,导致碳排放量增加,破坏大气层的臭氧层,造成了环境污染、生态退化和全球气候变暖等诸多问题,这也被认为是河北省空气质量较差的主要原因。

三、河北省建筑转变为产能型建筑的策略及方法

(一) 充分利用可再生能源,重点推进建筑太阳能光伏一体化建设

河北省的太阳能资源丰富,是我国光照资源较好的地区。太阳能储量充足,使用时无污染,取之不尽、用之不竭,是绿色环保的清洁能源,将太阳能光伏发电与建筑有机结合,把建筑、技术和美学融为一体,形成光伏建筑一体化将成为未来建筑节能发展的趋势。可在太阳能资源较丰富地区及有稳定热水需求的建筑中积极推广太阳能光热建筑;推进太阳能、地热能、空气热能、生物质能等在乡村供气、供暖、供电等方面的应用等。加快智能光伏推广及应用,推动既有公共建筑屋顶、农房屋顶、农房院落空地等加装太阳能光伏系统。此外,还可因地制宜地推广和应用热电联产、天然气、工业余热、地热能、电能、生物质能等可再生能源在建筑中的应用。

(二) 发展零碳电力,提高建筑终端电气化水平

鼓励建筑用电使用零碳电力 (风电、光电等),引导建筑供暖、生活热水、炊事等向电气化发展,推动开展新建公共建筑全面电气化。推动乡村进一步提高电气化水平,鼓励炊事、供暖、照明、交通、热水等用能电气化。

（三）出台需求侧响应补偿政策，实现 "荷随源变" 的柔性用电模式

建立与电力现货市场相衔接的需求侧响应补偿机制，增加用户侧储能的收益渠道，鼓励用户采用储能技术减少供配电设施增容投资，节约用户侧用电成本。比如，电气设备根据光伏实际发电状况灵活调整使用时间，发电量充足时便及时消纳，反之，则暂缓用电或者减少瞬时用电功率。在建筑内部构建蓄电系统，电力供给量大于用电需求时蓄电，而电力供给量小于电力需求量时则由蓄电池发电，满足电力的不足。利用电动汽车储电能力，将电动汽车充电桩与建筑配电系统有机整合实现动态平衡，以灵活满足建筑用电需求。

（四）推动微电网设计、光储直柔技术、全直流建筑等在现代建筑中的应用

"光储直柔" 是在建筑领域应用光伏发电、储能、直流配电和柔性用能四项技术，将其有机融合并构成一个整体来实现柔性用能，实现建筑与电网之间友好互动的技术。全直流建筑指采用直流供配电技术，以直流母线直驱直连，省去交直流转换，提高能量转换效率的新型建筑。建筑光伏发电系统、储能系统及建筑内直流负荷构成直流微电网，实现可再生能源灵活接入，负荷灵活调控。通过建筑内部源网荷储一体化协同运行，实现能源生产与消费就地平衡。降低对外部能源的需求，提高建筑内部能源利用效率。这些技术可以优先消纳可再生能源电力，主动参与电力需求侧响应。目前，我国将 "光储直柔" 各项技术有机融合并集成示范的项目还不多，河北省建筑行业在未来的发展中可以首先探索光储直柔集成示范建筑，进一步梳理 "光储直柔" 关键的技术标准需求，建立 "光储直柔" 建筑的完整标准体系，从而为指导实际系统的规划设计、建设运行、评估评价提供切实支持。

（五）建立健全相关政策法规，激励和规范产能型建筑发展

产能型建筑是指建筑所产生的能量超过其自身运行所消费的能量。它类似于零能耗建筑，但相较于传统能源（电能、天然气等）能利用可再生能源产生更多的能量。从近五年各省市自治区颁布的相关政策标准看，河北省的政策制定处于绝对领先地位（发布政策文件数为 63，占比 29.72%）。但河北省可以进一步探索制定相关激励政策，在政策上予以倾斜，增加对产能型建筑的补贴力度，可

以加快产能型建筑的应用。并探索建立全省建筑行业全产业链数据库，共享数据资源，为下一步政策制定提供数据支撑。

（六）增加宣传，提高产能型建筑的知名度

产能型建筑作为新兴的建筑，尚未被公众所了解，政府需要通过广播、电视、报纸、网络等媒体宣传，对这项技术多宣传、多介绍，使得公众对产能型建筑从陌生到熟悉，深入人心。政府可以对新建建筑项目给予能源证书，房屋持有者在进行买卖或租赁时，出示证书，以便购房者或租赁者对未来的能耗费用进行比较。并且可以鼓励公众进行建筑能耗监测，提升公众节能环保意识，了解各种建筑的能耗，从而提升公众对产能型建筑的接受程度。

项目负责人：刘璞

项目组成员：陈义忠　马苓